Impressum
Verlag: BABADADA GmbH, Nedderfeld 112 , 22529 Hamburg
Geschäftsführer / Verlagsleitung: Harald Hof
Druck: Books on Demand GmbH, In de Tarpen 42, 22848 Norderstedt

Imprint
Publisher: BABADADA GmbH, Nedderfeld 112 , 22529 Hamburg, Germany
Managing Director / Publishing direction: Harald Hof
Print: Books on Demand GmbH, In de Tarpen 42, 22848 Norderstedt

قوتابخانه

學校

دابەشکردن
除
186/2
تەختە
黑板
پۆل
教室
حەوشی قوتابخانە
校園
مامۆستا
老師
کاغەز
紙
نووسین
書寫
پێنووس
筆
مێزی نووسین
辦公桌
خەتکێش
直尺
کتێب
書
خوێندکار
學生

چەواڵ

書包

جانتای پێنووس

鉛筆盒

پێنووس

鉛筆

تیژکەرەوەی پێنووس

削鉛筆機

ڕەشکەرەوە

橡皮擦

پەدی نیگارکێشان

畫板

نیگارکێشان

圖畫

فڵچەی ڕەنگ

畫筆

قوتووی ڕەنگ

顏料盒

مەقەست

剪刀

چەسپ، کەتیرە

膠水

کتێبی ڕاهێنان

練習冊

کاری ماڵەوە

家庭作業

12

ژمارە

數字

2+2

زیدەکردن

加

5-2

کەمکردن

減

2×2

لێکدان

乘

42

حسابکردن، ژماردن

計算

A

پیت

字母

ABCDEFG
HIJKLMN
OPQRSTU
VWXYZ

ئەلفوبێ

字母表

hello

وشە

字

نووسراوه، دەق

課文

خوێندنەوە

讀

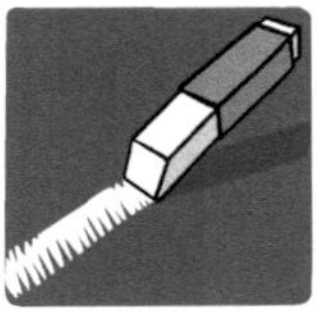

گەچ

粉筆

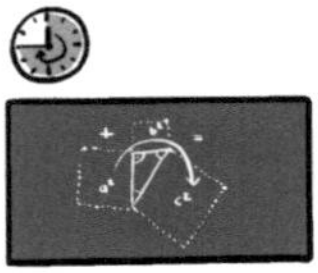

خول، دەرس

上課

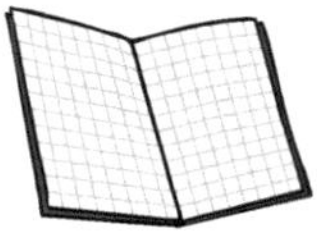

تۆمارکردن

登記

ئەزموون، تاقیکردنەوە

考試

بڕوانامە

證書

جلی قوتابخانە

校服

پەروەردە

教育

زانیاری نامە

百科全書

زانکۆ

大學

میکرۆسکۆپ

顯微鏡

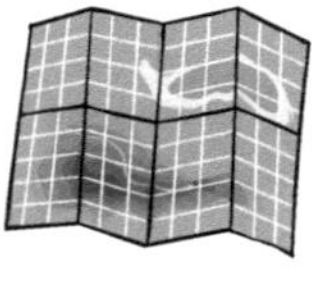

خەریتە، نەخشە

地圖

سەبەتەی کاغەز

廢紙簍

میوانخانە، هۆتێل
飯店
Grand
میوانخانە
青年旅社
ROOMS
نووسینگەی گۆڕینەوەی دراو
外幣兌換處
EXCHANGE
جانتا، ساک
手提箱
ئۆتۆمۆبیل
汽車

زمان

語言

بەڵێ / نەخێر

是/否

باشە

好的

سڵاو

您好

وەرگێڕی دەق

翻譯人員

سپاس

謝謝

بەچەندە ...؟

....

……多少錢？

من تێناگەم

....

我不明白

کێشە

....

問題

ئێوارە باش!

....

晚上好！

بەیانی باش!

....

早上好！

شەو باش!

....

晚安！

ماڵئاوا، بەخێرچی

....

再見

ئاراستە، ڕێرەو

....

方向

جانتا

....

行李

جانتا

....

包

کۆڵەپشتی

....

背包

میوان

....

客人

ژوور، دیو

....

房間

کیسەخەو

....

睡袋

چادر، دەوار

....

帳篷

زانیاری بۆ گەشتیار

旅行資訊

کەناراو

海灘

کارتی قەرز

信用卡

نانی بەیانی

早餐

نانی نیوەڕۆ

午餐

نانی شەو

晚餐

بلیت

票

ئاسانسۆر

電梯

پوول، تەمر

郵票

سنوور

邊界

گومرک

海關

باڵیۆزخانە

大使館

ڤیزا

簽證

پاسەپۆرت

護照

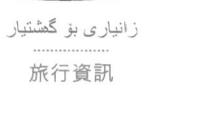

گواستنەوە

交通運送

فڕۆکە
飛機
کەشتی
船
مەکینەی ئاگرکوژێنەوە
消防車
پاس
公車
لۆری
卡車
بەلەمی ماتۆڕی
汽艇
دووچەرخە، پایسکل
腳踏車
ئۆتۆمۆبیل
汽車

کەشتی گواستنەوە

渡輪

بەلەمی ماتۆڕی

小船

ماتۆڕ

機車

ئوتومبێلی پۆلیس

警車

ئوتومبێلی پێشبڕکێ

賽車

ئۆتۆمۆبیلی کرێ

租車

ئۆتۆمۆبیل هاوبەشکردن

拼車

لۆری ڕاکێشکردن

拖車

لۆری زبڵ

垃圾車

ماتۆڕ

馬達

سووتەمەنی

汽油

وێستگەی بەنزین

加油站

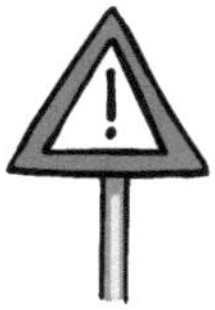

تابڵۆی هاتووچۆ

交通標識

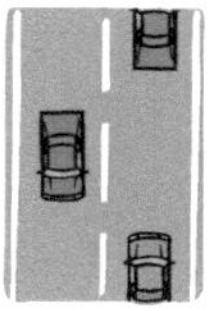

هاتووچۆ

交通

ترافیک

交通堵塞

شوێنی ڕاگرتنی ئۆتۆمۆبیل

停車場

وێستگەی شەمەندەفەر

火車站

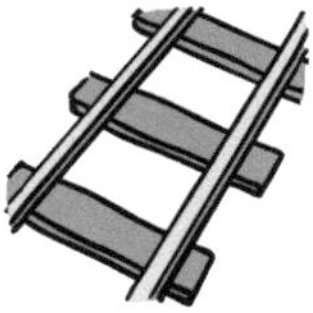

هێڵی ئاسن

軌道

شەمەندەفەر

火車

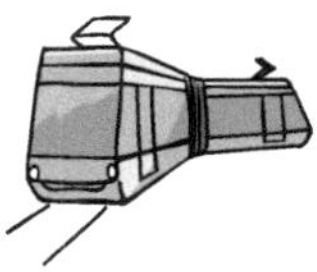

قەتاری سەرشەقام

路面電車

داشقە

客車廂

هەلیکۆپتەر

直升機

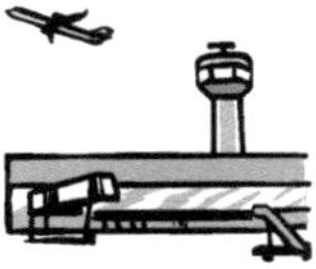

فڕۆکەخانە

機場

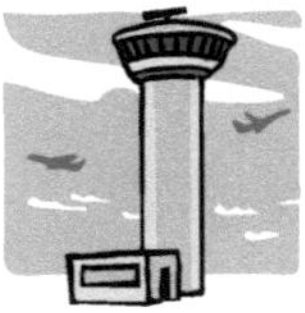

بورج

塔

نەفەر

乘客

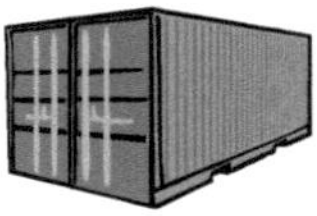

دەفر، کانتینەر

集裝箱

کارتۆن

紙板箱

داشقە

手推車

سەوەتە

籃子

هەڵفڕین / نیشتن

起飛/降落

شار
城市

گوند، دێهات

村莊

ناوەندی شار

市中心

ماڵ، خانوو

房子

CINEMA
سینەما
電影院
ڕیکلام
廣告
چرای شەقام
路燈
شەقام
街道
تاکسی
計程車
کیوسک
小吃店
پیادە
行人
شوستە
人行道
شوێنی پەڕینەوە
斑馬線
دەفری زبل
垃圾箱
پەڕینەوەی بەردەباز
十字路口
چرای ترافیک
紅綠燈

خانووچکە

小屋

نهۆم، باڵەخانە

公寓

وێستگەی شەمەندەفەر

火車站

کۆشکی شارەوانی

市政廳

MUSEUM

مۆزەخانە

博物館

قوتابخانە

學校

زانکۆ

大學

بانک

銀行

نەخۆشخانە، خەستەخانە

醫院

میوانخانە، هۆتێل

飯店

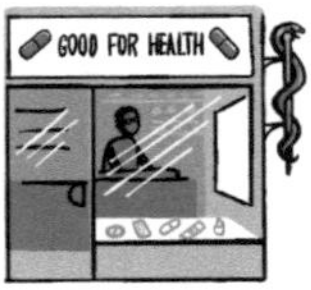

دەرمانخانە

藥房

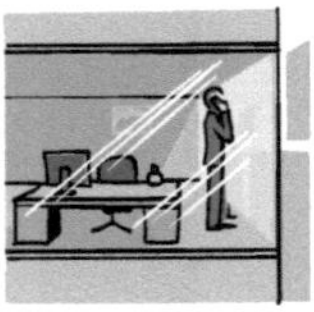

نووسینگە، فەرمانگە

辦公室

کتێبفرۆشی

書店

دووکان

商店

گوڵفرۆشی

花店

سوپەرمارکێت

超市

بازار

市場

فرۆشگا

百貨商店

ماسیفرۆش

魚店

ناوەندی کڕین

購物中心

بەندەر

海港

پارک

公園

کورسی درێژ

長凳

پرد

橋

پێ پیلکان

樓梯

ژێرزەوی

捷運

تونێل

隧道

وێستگەی پاس

公車站

مەیخانە

酒吧

ڕێستۆرانت

餐館

سندووقی پۆست

郵筒

تابلۆی شەقام

路標

پێوەری پارکینگ

停車計時器

باخچەی ئاژەڵان

動物園

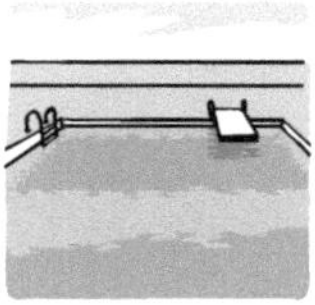

حەوزی مەلە

游泳池

مزگەوت

清真寺

مەزرا

農場

پیسبوونی ژینگە

污染

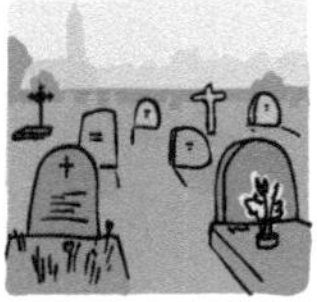

قەبرستان، گۆڕستان

墓地

کەنیسە

教堂

شوێنی یاری

操場

پەرستگا

寺廟

دیمەن

地形

گەڵا
樹葉
تابلۆی ڕێنیشاندەر
指示牌
ڕێگا
路
مێرگ
草地
بەرد
石頭
دار
樹
شاخەوان
徒步旅行者
ڕووبار، چەم
河
گژوگیا
草
گوڵ
花

دۆڵ، شیو

峡谷

بەرزایی

丘陵

دەریاچە

湖

دارستان

森林

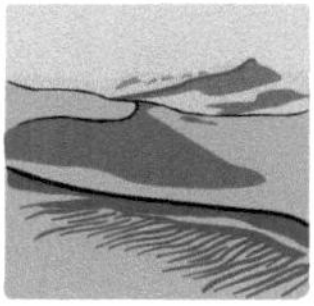

چۆڵەوار

沙漠

بورکان

火山

قەڵا

城堡

کۆلکەزێڕینە

彩虹

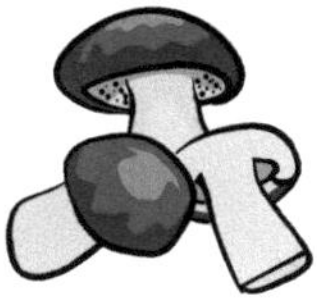

کارگ

蘑菇

دارخورما

棕櫚樹

مێشوولە

蚊子

مێشوولە

蒼蠅

مێروولە

螞蟻

مێش هەنگوین

蜜蜂

جاڵجاڵۆکە

蜘蛛

قالۆنچە

甲蟲

بۆق

青蛙

سمۆرە

松鼠

ژیشک

刺蝟

کەروێشکە کێوی

野兔

کوند

貓頭鷹

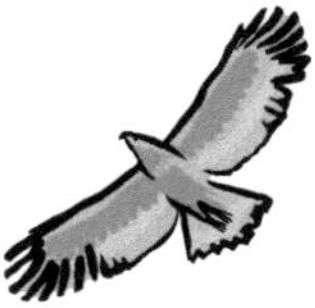

باڵندە

鳥

قازی سپی

天鵝

بەرازی کێوی

野豬

ئاسک

鹿

بزنە کێوی

麋鹿

بەنداو

水壩

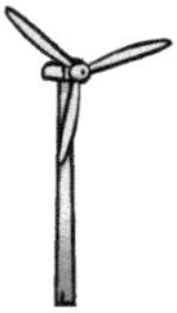

تۆربینی با

風力發電機

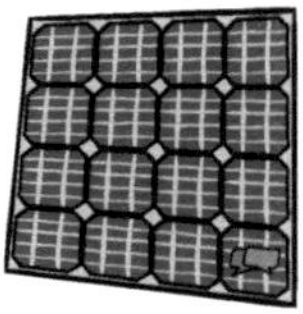

پەڕەی خۆری

太陽能電池板

ئاووهەوا

氣候

ڕێستۆرانت

餐館

خزمەتکار
服務生
لیستە، پێرست
菜譜
کورسی
椅子
سووپ، شۆرباو
湯
پیتزا
披薩餅
چەقۆ و چەتاڵ
餐具
سفرە
桌布

خواردنی دەستپێک

前菜

خواردنی سەرەکی

主菜

دێسێر

甜點

خواردنەوە

飲料

خواردن

食物

بوتڵ

瓶子

خواردنی خێرا

速食

خواردنی سەرشەقام

街邊小吃

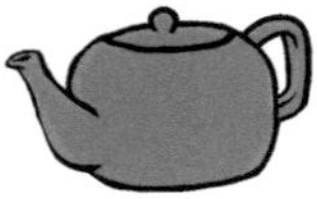

قۆری

茶壺

قوتووی شەکر

糖盒

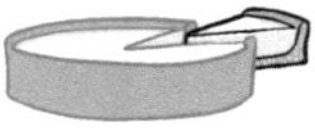

بەش

一份飯菜

ئامێری سازکردنی قاوەی ئێسپرەسۆ

義式咖啡機

کورسی بەرز

高腳椅

تێچوو

帳單

کەشەف

托盤

چەقۆ

刀

چنگاڵ

餐叉

کەوچک

勺子

کەوچکی چا

茶匙

دەسماڵ

餐巾

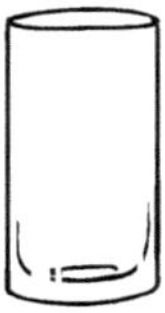

لیوان، پەرداخ

玻璃杯

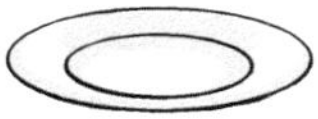

قاپ، دەوری، دەفر

碟子

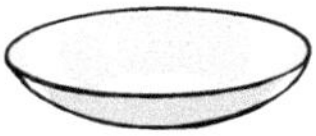

قاپی شۆرباو

湯盤

ژێرپیاڵە

碟子

سۆس

醬

خوێدان

鹽瓶

هاڕەری بیبار

胡椒研磨罐

سرکە

醋

ڕۆن

食用油

بەهارات

調味料

دۆشاوی تەمات، سۆسی تەماتە

番茄醬

سۆسی موستارد

芥末

سۆسی مایۆنێز

美乃滋

سوپەرمارکێت
超市

داشکاندنی تایبەتی
特價
FOR
مشتەری
顧客
شیرەمەنی
乳製品
میوە
水果
داشقە
購物車

BUTCHERS

دووکانی قەسابی

肉鋪

BAKERY

نانەواخانە

麵包店

کێشان

稱重

سەوزی

蔬菜

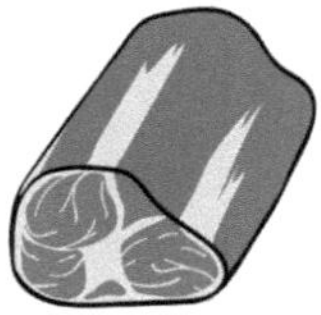

گۆشت

肉

خواردنی بەستوو

冷凍食品

گۆشتی سارد

冷盤

خواردنی کۆنسێرو

罐頭食品

دەرمانی بشۆر

洗衣粉

شیرینی

甜食

بەرهەمی خۆماڵی

日用品

بەرهەمی خاوێنکردنەوە

清潔用品

فرۆشیار

銷售員

ژمێرەر

收銀機

ژمێریار، خەزەندار

收銀員

لیستی کڕین

購物清單

کاتی دەوام

開放時間

کیسەباخەڵ، جزدان

錢包

کارتی قەرز

信用卡

توورەکە، کیسە

袋子

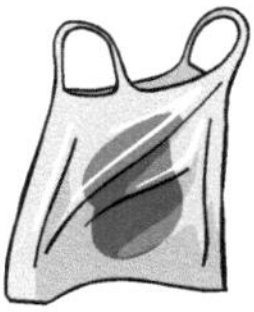

توورەکە

塑膠袋

خواردنەوە

飲料

ئاو

水

شەربەت

果汁

شیر

牛奶

خەڵووز

可樂

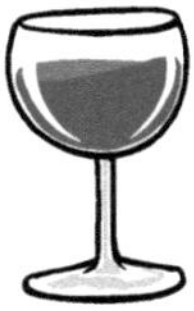

شەراب

紅酒

بیرە

啤酒

ئەلکوڵ

酒

کاکاو

可可

چایی، چا

茶

قاوە

咖啡

قاوەی ئێسپرەسۆ

義式濃縮咖啡

کاپۆچینۆ

卡布奇諾

خواردن

食物

مۆز

香蕉

سێو

蘋果

پرتەقاڵ

柳丁

کاڵەک

西瓜

لیمۆ

檸檬

گێزەر

胡蘿蔔

سیر

大蒜

حەیزەران

竹子

پیاز

洋蔥

کارگ

蘑菇

سەموونە، گوێز، ناوکە

堅果

نوودڵ

麵條

ماکارۆنی

義大利麵

برینج

米飯

زەلاتە

沙拉

چپس

薯條

پەتاتەی برژاو، پەتاتەی سوورۆکراو

炸馬鈴薯

پیتزا

披薩餅

هەمبرگەر

漢堡

ساندویچ، دۆندرمە

三明治

پارچە گۆشت

炸豬排

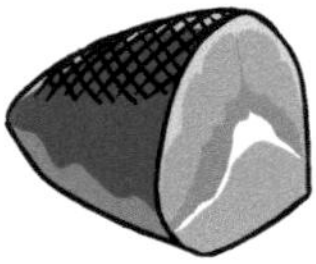

گۆشتی بەراز

火腿

گۆشتی بەراز

義大利臘腸

سۆسیس

香腸

مریشک

雞肉

برژاندن، نرژان

烤肉

ماسی

魚

شۆرباوی ساوار

燕麥片

دانەوێڵەی تێکەڵ

木斯里

دانەی دانەوێڵە

玉米片

ئارد

麵粉

کرۆسانت، نانێکی فەرەنسی

牛角麵包

نانی خڕ

麵包捲

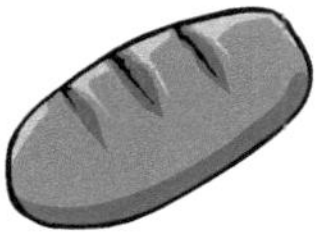

نان

麵包

نانی برژاو

吐司

بسکیت

餅乾

کەرە، ڕۆنی کەرە

奶油

سەرتوێژ، توێژ

凝乳

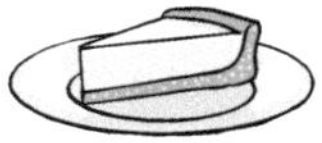

کەیک

蛋糕

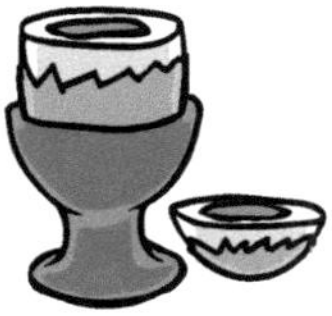

هێلکە

蛋

هێلکەی برژاو

煎蛋

پەنیر

起司

بەستەنی، دۆندرمە

冰淇淋

شەکر

糖

هەنگوین

蜂蜜

مرەبا

果醬

خامەی نۆگات

巧克力醬

بەهارات

咖哩

مەزرا
農場

کۆخ (ماڵ لە مەزرا)
農舍
تەویلە
糧倉
کڵۆشی کا
稻草捆
مەزرا
田野
ئەسب
馬
ماڵی سەفەری
拖車
تراکتور
拖拉機
جوانوو
馬駒
کەر، گوێدرێژ
驢
مەڕ
羊
بەرخ
羔羊

بزن

山羊

مانگا

奶牛

گوێلک

小牛

بەراز

豬

فەرخە بەراز

小豬

جوانەگا

公牛

قاز

鵝

مراوی

鴨

جووچک

小雞

مریشک

母雞

کەڵەشێر

公雞

جرج

鼠

پشیلە

貓

مشک

老鼠

گا

牛

سە، سەگ

狗

کونە سە

狗屋

سۆندە

花園澆水軟管

تونگمی ئاودان

澆水壺

ماڵەغان

長柄大鐮刀

گاسن

犁

داس

鐮刀

مەڕە

鋤頭

شەنە

長柄草耙

تەور

斧頭

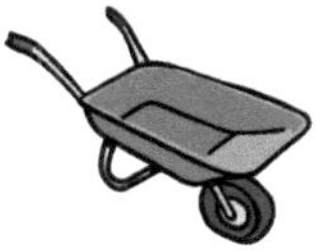

عارەبانەی دەستیی

獨輪手推車

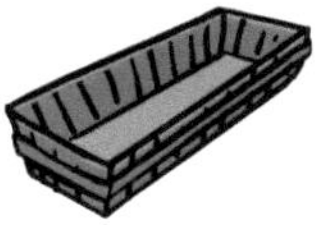

دەفری خواردنی ئاژەڵان

飼料槽

دەفری شیر

牛奶罐

تەلیس

麻布袋

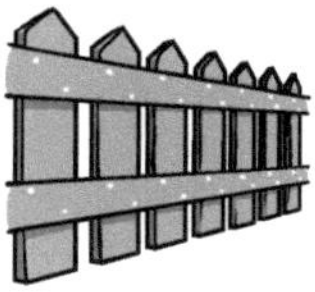

پەرژین

柵欄

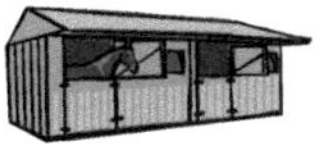

تەویلە

馬廄

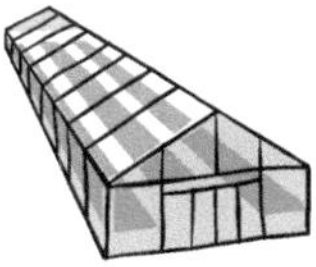

گوڵخانە

溫室

خۆڵ

土壤

دەنک، تۆک

種子

پەین

肥料

کۆمباین

聯合收割機

دروێنەکردن

收割

خەرمان

收割

پەتاتە

地瓜

گەنم

小麥

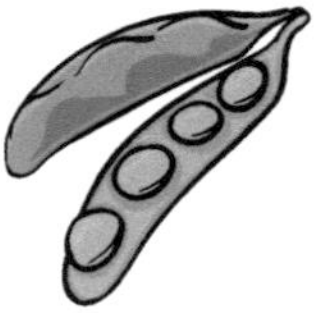

لووبیا، فاسۆلیا

大豆

پەتاتە

土豆

گەنمەشامی

玉米

جۆرێک دەخڵودان

油菜籽

داری بەری

果樹

سێوبنەعەرزیلە

樹薯

دانەوێلەی تێکەڵ

穀物

ماڵ، خانوو
房子

دووکەڵکێش
煙囪
سەربان
屋頂
بۆری ئاو
落水管
پەنجەرە
窗戶
گەراژ
車庫
زەنگی دەرگا
門鈴
دەرگا
門
دەفری زبڵ
垃圾桶
سندووقی نامە
信箱
باخ
花園

ژووری دانیشتن

客廳

حەمام، ئاودەستخانە

浴室

چێشتخانە

廚房

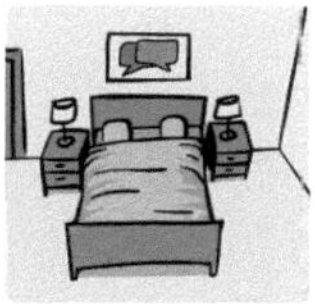

ژووری خەو

臥室

ژووری منداڵ

兒童房

ژووری نانخوارن

餐廳

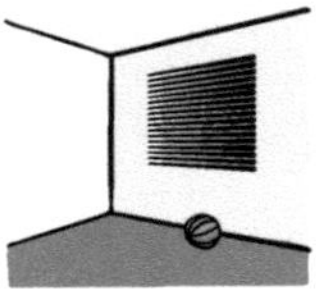

داڵان، ئەرز

地板

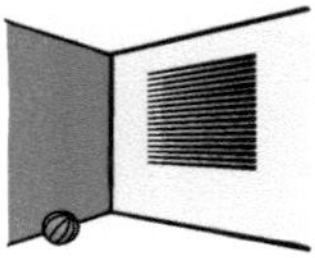

ديوار

牆壁

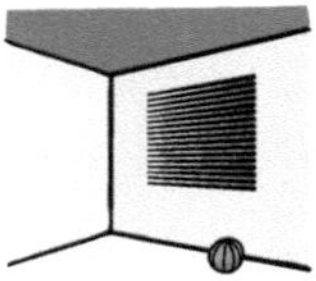

بن ميچ

天花板

ژێرزەمين

地窖

ساونا

三溫暖

باڵکۆن، هەيوان

陽臺

هەيوان

露臺

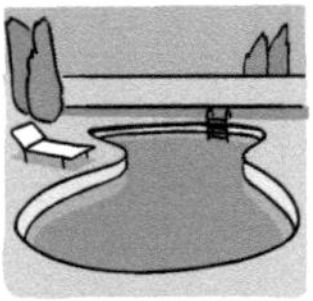

حەوز، مەلەوانگە

游泳池

گژوگيابڕ

割草機

مەلافە

被單

مەلافەی نوێن

床罩

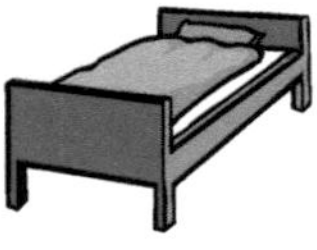

پێخەف، نوێن

床

گسک

掃帚

سەتڵ

水桶

سويچ، كليل

開關

ژووری دانیشتن

客廳

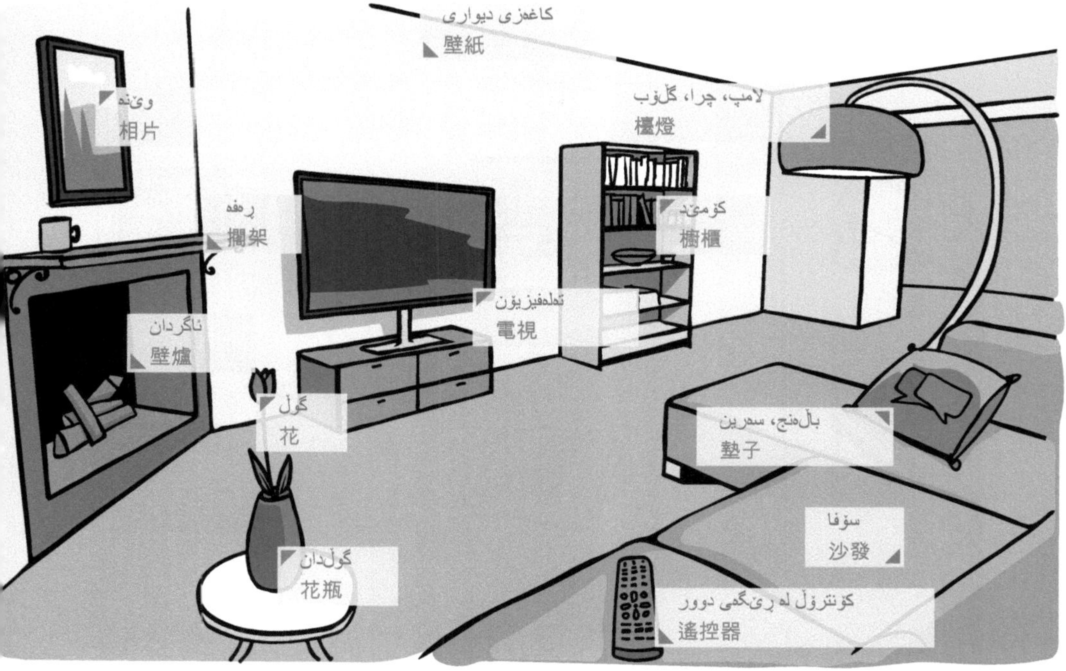

کاغەزی دیواری
壁紙
وێنە
相片
لامپ، چرا، گڵۆب
檯燈
ڕەفە
擱架
کۆمێد
櫥櫃
تەلەفیزیۆن
電視
ناگردان
壁爐
گوڵ
花
باڵەنج، سەرین
墊子
سۆفا
沙發
گوڵدان
花瓶
کۆنترۆڵ لە ڕێگەی دوور
遙控器

فەرش

地毯

پەردە

窗簾

مێز

餐桌

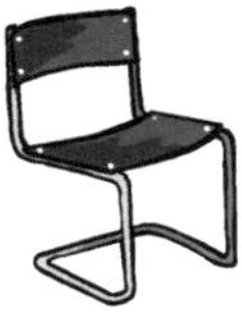

کورسی

椅子

کورسی ڕاژاندن

搖椅

کورسی دەسکدار

扶手椅

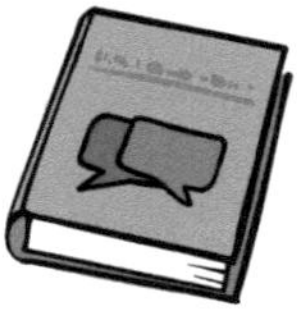

کتێب

書

پەتوو، بەتانی

毯子

ڕازاندنەوە

裝飾品

داری سووتاندن

木柴

فیلم

電影

ستێریۆ

高傳真音響

کلیل

鑰匙

ڕۆژنامە

報紙

نیگار، نیگارکێشان

油畫

پۆستەر

海報

ڕادیۆ

收音機

تیانووس

筆記本

گسکی کارەبایی

吸塵器

کاکتووس

仙人掌

مۆم

蠟燭

چێشتخانە
廚房

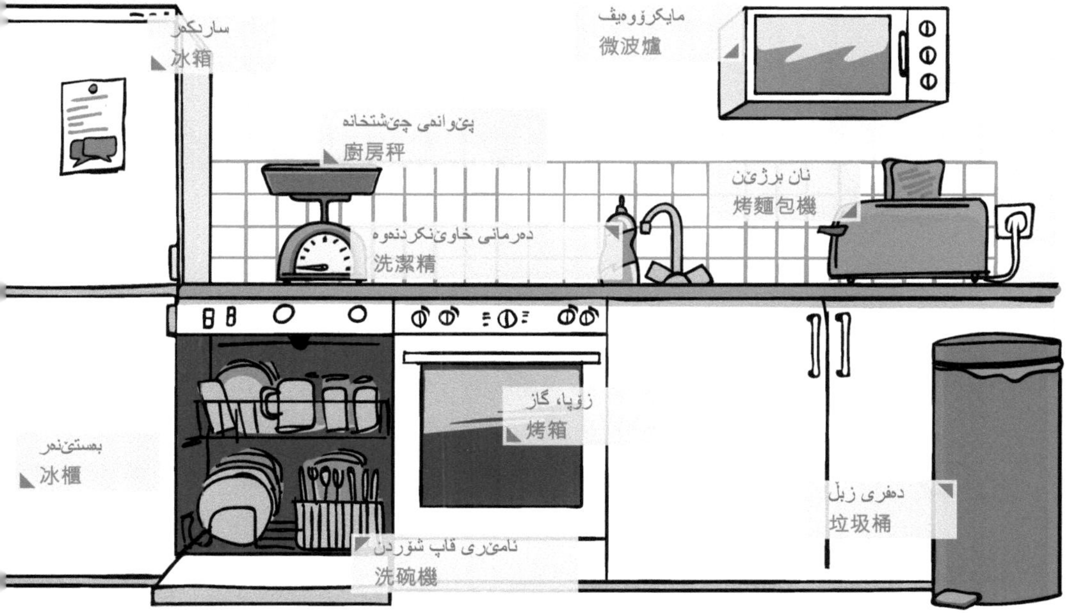
ساردکەر
冰箱
مایکرۆوەیف
微波爐
پێوانەی چێشتخانە
廚房秤
نان برژێن
烤麵包機
دەرمانی خاوێنکردنەوە
洗潔精
زۆپا، گاز
烤箱
بەستێنەر
冰櫃
دەفری زبڵ
垃圾桶
ئامێری قاپ شۆردن
洗碗機

چێشتلێنەر

炊具

مەنجەڵ

鍋

قاپی ئوتوو

鑄鐵鍋

تاوەی قووڵ

炒鍋

تاوە

平底鍋

کتری، ئاوگەمکەر

水壺

چێشتلێنەری هەڵمی

蒸鍋

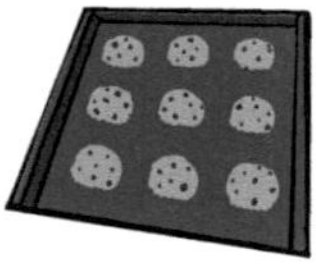

کەشەفی نانکردن

烤盤

قاپ و قاچاغ

陶瓷鍋

کۆپ

馬克杯

قاپ

碗

چێلکەی نانخواردن

筷子

ئەسکوێ

長柄勺

کەوگیر

鏟子

گسک

攪拌器

سووزمە

濾網

بێژنگ

篩子

ئامێری جنینی پەنیر و سەوزە

磨碎機

دەستار

研缽

برژاندن

燒烤

ئاگر

明火

تەختەی وردکردن

菜板

تیرۆک

擀麵杖

بورغی فلین

開瓶器

قوتوو

罐子

قوتووکەرەوە

開罐器

دەسرەی مەنجەڵ

隔熱手套

دەستشۆر

水槽

فڵچە

刷子

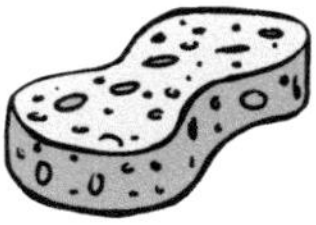

ئیسفەنج

海綿

تێکەڵکەر

攪拌機

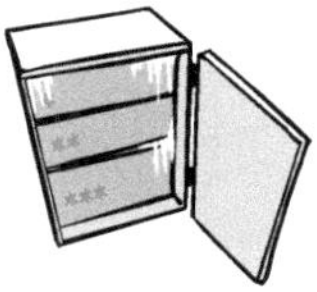

قەرەسی

冷藏箱

شووشە شیر

奶瓶

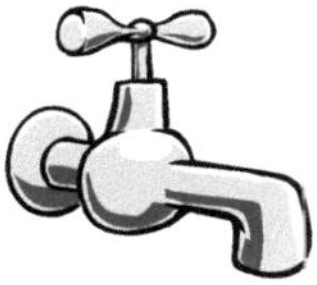

شێری ئاو

水龍頭

حەمام، ئاودەستخانە

浴室

زۆپا/گەرمکەر
供暖裝置
دووشی ئاو، خورژم
淋浴
خاولی
毛巾
پەردەی حەمام
浴簾
کەفی حەمام
泡沫浴
حەوزی حەمام
浴缸
لیوان، پەرداخ
玻璃杯
ئامێری دەفرشوتن
洗衣機
شێری ئاو
水龍頭
کاشی
瓷磚
ئاودەستی منداڵان
便壺
دەستشۆر
水槽

ئاودەست، توالێت

廁所

توالێتی نزم، ئاودەست

蹲便器

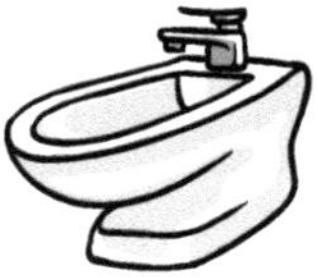

جۆرێک توالێت

坐浴器

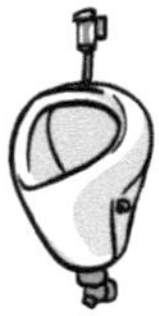

توالێت، ئاودەست

小便斗

کاغەزی ئاودەستخانە

廁紙

فڵچەی ئاودەستخانە

馬桶刷

فڵچەی ددان

牙刷

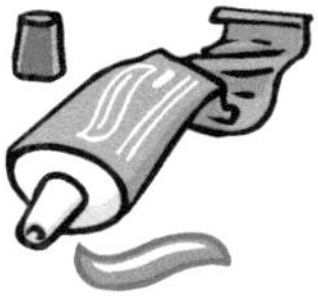

خەمیری ددان

牙膏

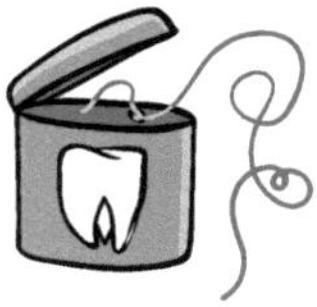

بەنی ددان

牙線

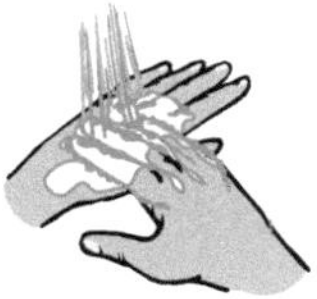

شۆردن، شوتن

洗

خورژمی دەستی

手持式蓮蓬頭

دووش

沖洗器

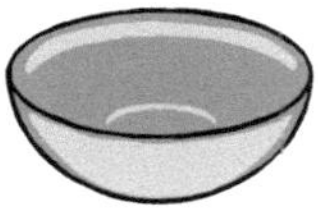

کسەی دەستوچاوشوتن

洗臉盆

فڵچەی پشت

洗背刷

سابوون

肥皂

جێڵی خۆشوتن

沐浴露

شامپۆ

洗髮乳

فلانێل

法蘭絨

ئاوەڕۆ

排水

کرێم

乳霜

بۆنخۆشکەرە

除臭劑

ئاوێنە

鏡子

ئاوێنەی دەستی

手鏡

مەکینەی ڕیش تاشین

刮鬍刀

سابوونی ڕیش تاشین

刮鬍泡沫

کرێمی دوای ڕیش تاشین

鬚後水

شانە

梳子

فڵچە

刷子

سێشوار، سەرئیشککەرەوە

吹風機

سپرەی قژ

噴髮定型劑

سووراوسپیاو

化妝品

سووراو

唇膏

ڕەنگی نینۆک

指甲油

لۆکە

化妝棉

مەقەستی نینۆک

指甲剪

عەتر

香水

کیسەی حەمام

洗漱包

کورسی بێ پشت

凳子

پێوەر

計重秤

خاولی حەمام

浴袍

دەستەوانەی چەرم

橡膠手套

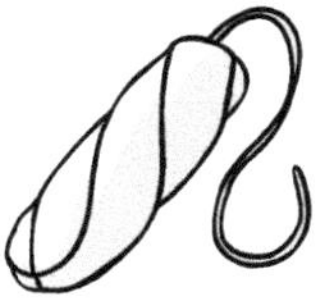

تامپۆن

衛生棉條

خاولی خاوێنکردنەوە

衛生棉

ئاودەستی کیمیایی

化學廁所

ژووری منداڵ

兒童房

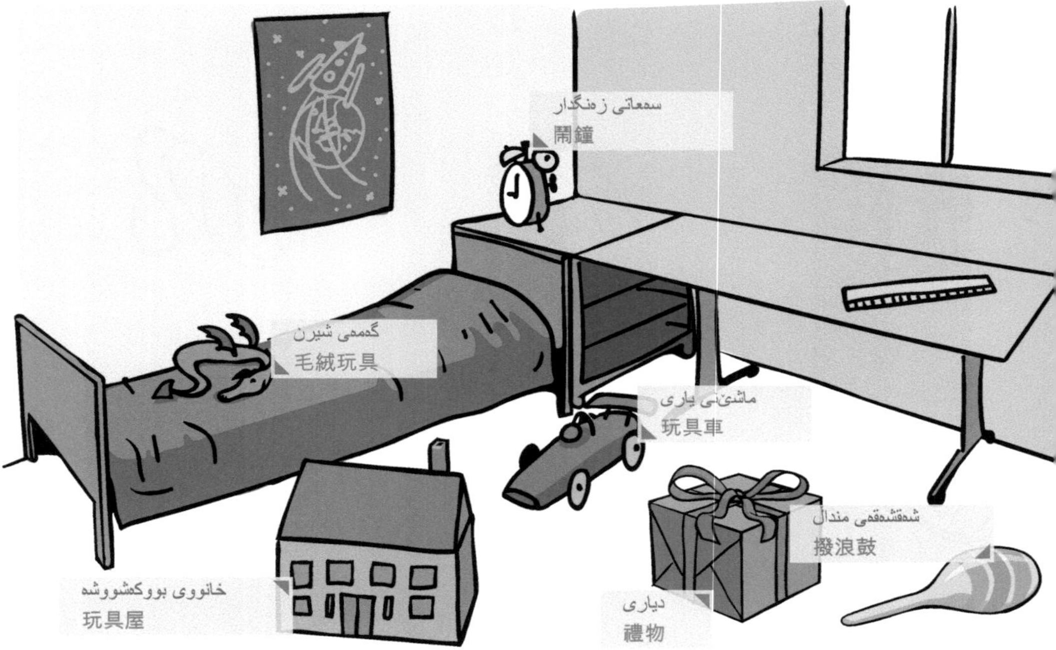

سەعاتی زەنگدار
鬧鐘
گەمەی شیرن
毛絨玩具
ماشێنی یاری
玩具車
شەقشەقەی منداڵ
撥浪鼓
خانووی بووکەشووشە
玩具屋
دیاری
禮物

باڵۆن

氣球

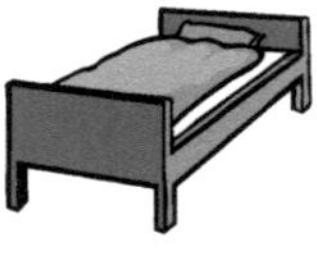

پێخەف، نوێن

床

داشقەی منداڵ

嬰兒車

گەمەی کارت

撲克牌

مەتەڵ، مەتەڵۆک

拼圖

کۆمێدی

漫畫

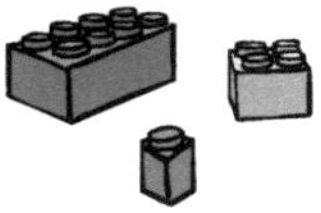

خشتی لێگۆ

樂高積木

خشتی یاری

積木玩具

بووکە شووشە

公仔

جلی منداڵ

嬰兒服

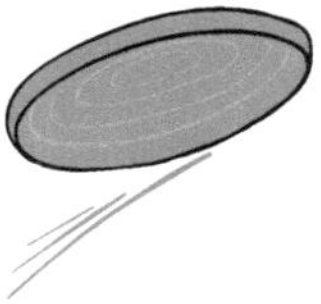

یاری فریزبی

飛盤

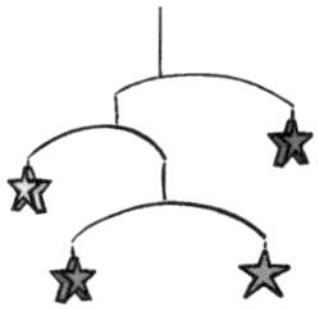

بزۆک، جووڵێنراو

床鈴玩具

یاری تەختە

棋盤遊戲

مۆرە

骰子

مۆدێلی شەمەندەفەر

火車模型

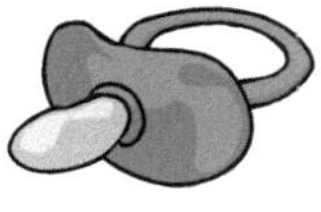

مەمکە مژە

安撫奶嘴

میوانی، جەژن

派對

کتێبی وێنەدار

繪本

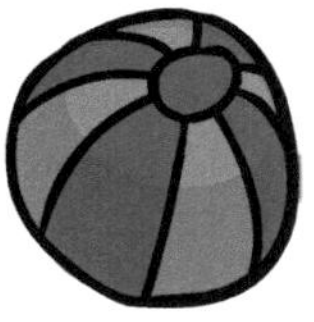

تۆپ

球

بووکەشووشە

洋娃娃

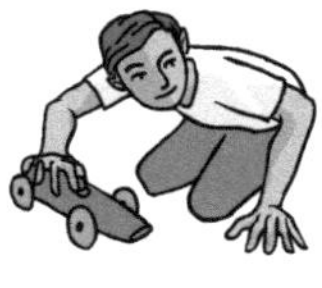

کایە کردن، یاری کردن

玩

قۆرتی خیزوخۆڵ

沙坑

جۆلانە

鞦韆

کایەی منداڵان، یاری منداڵان

玩具

گەمەی ویدیۆیی

電玩遊戲

سێچەرخە

三輪車

ورچی یاری

泰迪熊

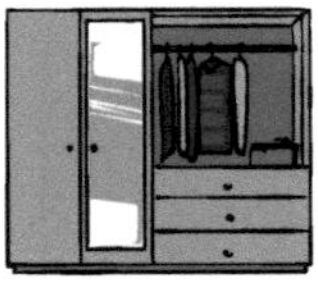

کەنتۆر

衣櫃

جلوبەرگ

衣服

گۆرەوی

襪子

گۆرەوی درێژ

長襪

گورەوی درێژ

緊身褲

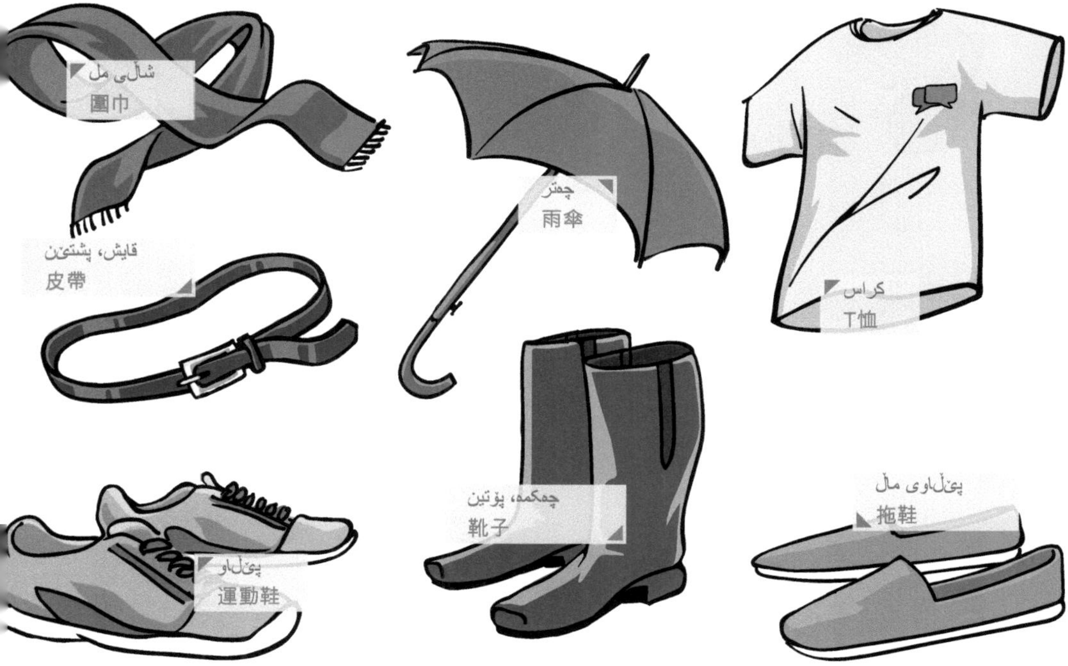
شالى مل
圍巾
چەتر
雨傘
قايش، پشتىن
皮帶
كراس
T恤
پىلاو
運動鞋
چەكمە، پۆتين
靴子
پىلاوى مال
拖鞋

پاپوچ

涼鞋

كەوش، پىلاو

鞋

چەكمەى چەرم

雨靴

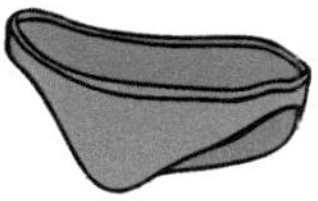

پانتۆلى ژىرەوە

內褲

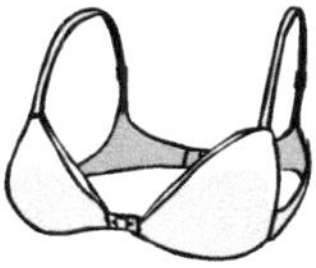

ستيان، سوخمە

胸罩

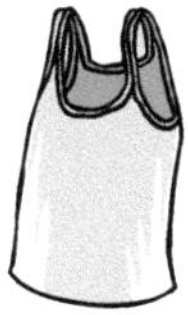

جليسقە

背心

جەستە، لەش

身體

پانتۆڵ

褲子

پانتۆڵ

牛仔褲

دامەن، تەنوورە

短裙

کراس

女式襯衫

کراس

襯衫

بلووز

套頭衫

بلووز

連帽上衣

چاکەت

西裝夾克

چاکەت

夾克

باڵتە

外套

بارانی

雨衣

پۆشاک

套裝

کراسی ژنانە

連衣裙

جلی زەماوەند

婚紗

چاکەت و پانتۆڵ

西裝

جلی خەو

睡袍

جلی خەو

睡衣

ساری

莎麗

لەچکە

頭巾

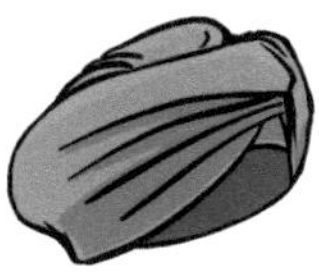

جەمەدانە، سەرپێچ

包頭巾

بۆرکا

波卡

کەفتان

卡夫坦

عەبا

(阿拉伯式)長袍

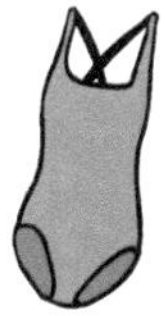

جل و بەرگی مەلەکردن

泳衣

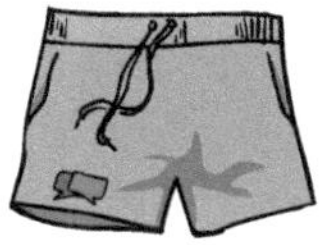

پانتۆڵی مەلە

男式泳褲

پانتۆڵی کورت

短褲

جلوبەرگی ڕاهێنان

運動服

بەروانکە، بەرکوشە

圍裙

دەستەوانە

手套

دوگمه
鈕扣

چاویلکە
眼鏡

بازنە
手鏈

ملوانکە
項鍊

ئەنگوستیلە
戒指

گوارە
耳環

کڵاو
便帽

داری جل هەڵواسین
衣架

کڵاو
帽子

بۆینباخ
領帶

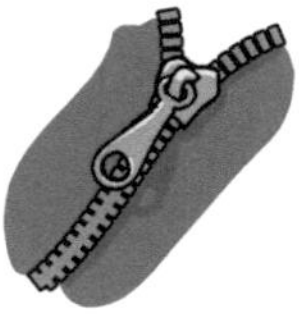

زیپ
拉鍊

کڵاوی پارێزەر
安全帽

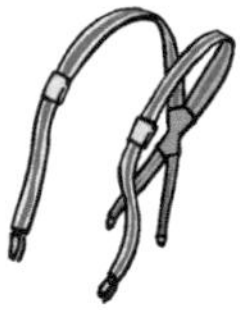

هەڵگر
背帶

جلی قوتابخانە
校服

یەکپۆش
制服

بەرلیکە، بەرکۆشی منداڵ

圍兜

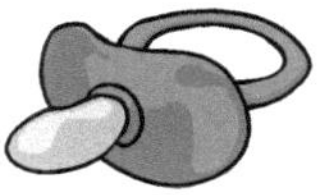

مەمکە مژە

安撫奶嘴

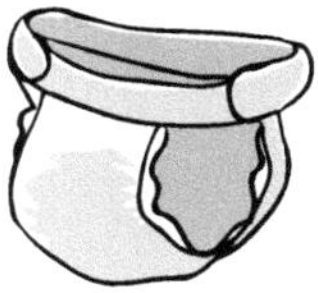

دایبی، پەڕۆشۆر

尿布

نووسینگە، فەرمانگە

辦公室

ڕاژە
伺服器
دۆڵابی بەڵگە
檔案櫃
چاپکەر
印表機
کاغەز
紙
مۆنیتۆر، پیشانگەر
螢幕
ماوس
滑鼠
مێزی نووسین
辦公桌
بۆخچە
資料夾
تەختەکلیل
鍵盤
سەبەتەی کاغەز
廢紙簍
کۆمپیوتەر
電腦
کورسی
椅子

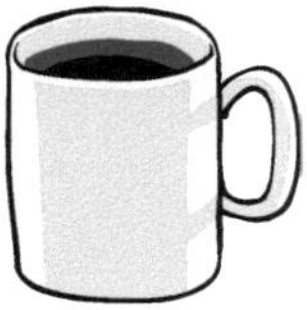

کوپی قاوە

咖啡杯

ژمێرەر

計算機

ئینتەرنێت

網際網路

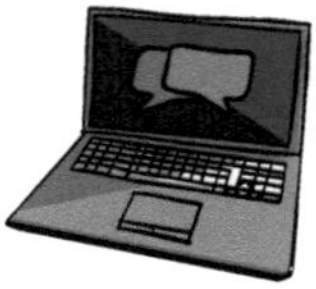

لەپتۆپ

筆記型電腦

نامە

信件

پەیام

簡訊

موبایل، تەلەفۆنی دەست

行動電話

تۆڕ

網路

ئامێری لەبەرگرتنەوە، کۆپیکەر

影印機

نەرمەکاڵا

軟體

تەلەفۆن

電話

ساکێتی دووشاخە

插座

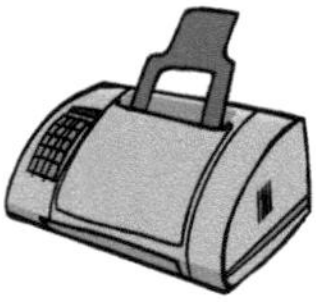

ئامێری فەکس

傳真機

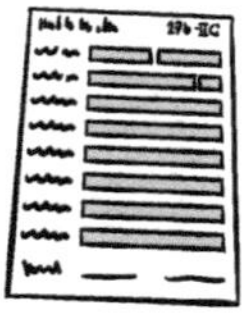

فۆرم

表格

بەڵگە

檔案

ئابووری
經濟

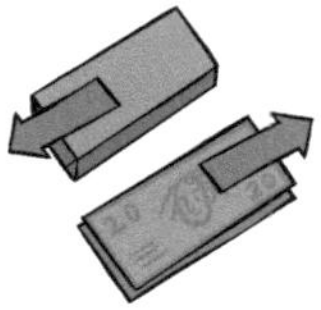

کڕین

買

پارەدان

付錢

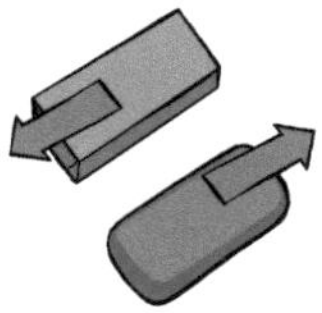

بازرگانی، ئاڵوگۆڕکردن

交易

پارە، دراو

現金

دۆلار

美元

یۆرۆ

歐元

یەن

日元

ڕوبڵی ڕووسی

盧布

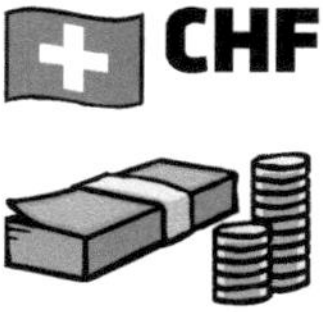

فرانکی سویسی

瑞士法郎

یو ن، یەکەی دراوی چینی

人民幣

ڕووپییە

盧比

مەکینەی پارە

提款處

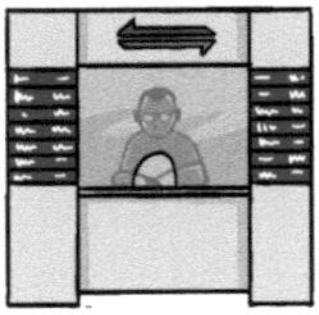

نووسینگەی گۆڕینەوەی دراو

外幣兌換處

زێڕ

金

زێو

銀

نەوت

石油

وزە

能源

بەها، نرخ

價格

ڕێکەوتننامە

合約

باج

稅金

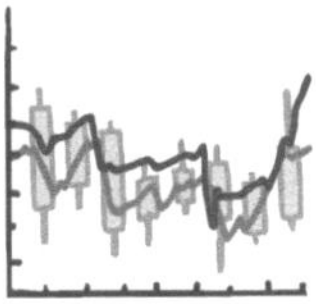

سەهام

股票

کارکردن

工作

کارمەند، کارکەر

職員

خاوەنکار

老闆

کارخانە

工廠

دووکان

商店

ئیشەکان

職業

فەرمانبەری پولیس
警官
ئاگرکووژێنەر
消防員
چێشتلێنەر
廚師
دکتۆر
醫師
فڕۆکەوان
飛行員

باخەوان

園丁

دارتاش، مەرەنگوێز

木匠

خەییات

裁縫

دادوەر

法官

کیمیازان

化學家

شانۆگەر، شانۆکار

演員

شۆفیری پاس

公車司機

شۆفیر تاکسی

計程車司機

ماسیگر

漁夫

کڵفەت

清洗女工

وەستای سەربان

屋頂工

خزمەتکار

服務生

ڕاوچی

獵人

بۆیاخچی

畫家

نانکەر

麵包師

کارەباچی

電工

بەننا

建築工人

ئەنازیار

工程師

قەساب

屠夫

وەستای بۆری

水管工

پۆستەچی

郵差

سەرباز

士兵

نەخشەکێش

建築師

ژمێریار، خەزنەدار

收銀員

گوڵفرۆش

花農

ئارایشگەر

理髮師

گەیێنەر

售票員

میکانیک

機械技師

کەشتیوان

船長

ددانساز، دوکتوری ددان

牙醫

زانا

科學家

مەلای جوولەکان

拉比

ئیمام

伊瑪目

کەسی ئایینی

和尚

قەشە

牧師

ئامراز و كەرەستە

工具

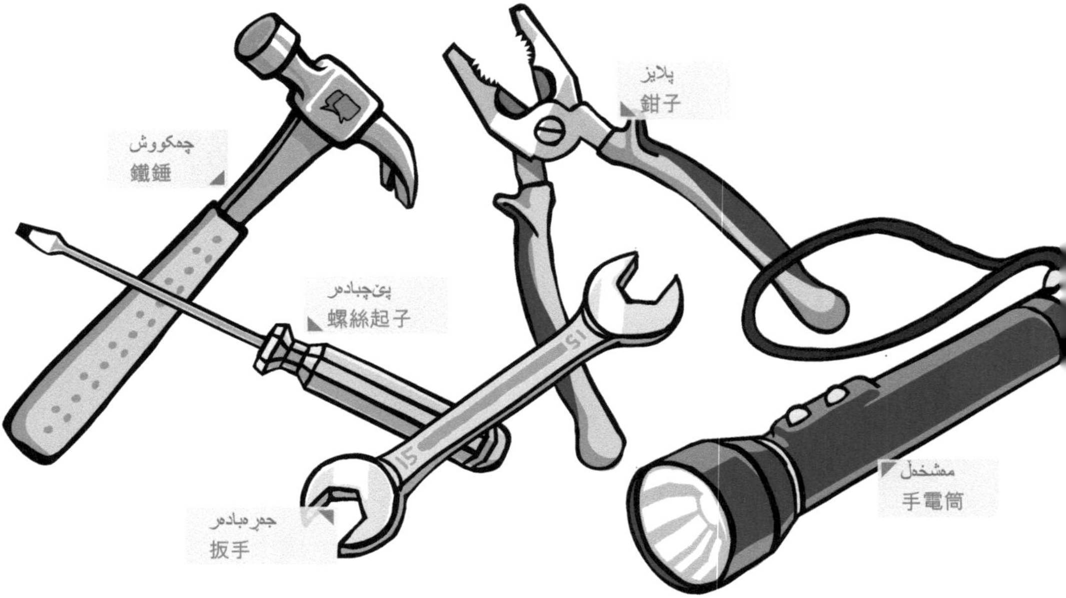
چەكووش
鐵錘
پلایز
鉗子
پێچبادەر
螺絲起子
جەڕەبادەر
扳手
مەشخەڵ
手電筒

شۆفڵ

挖掘機

سندووقی ئامراز

工具箱

پەیژە

梯子

مشار

鋸子

بزمارەکان

釘子

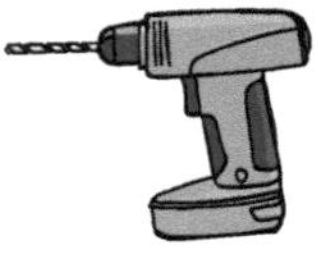

کونکەرە

鑽機

چاککردنەوە

修

پێمەرە

鏟子

نەفرەت!

糟糕！

خاکەناز

畚箕

قتووی بۆیاخ

油漆桶

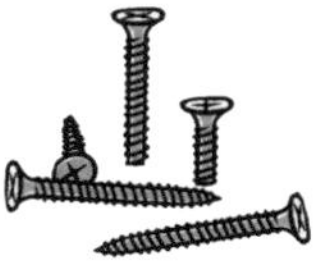

پێچمکان، جمرەکان

螺絲

ئامێرەکانی مووزیک

樂器

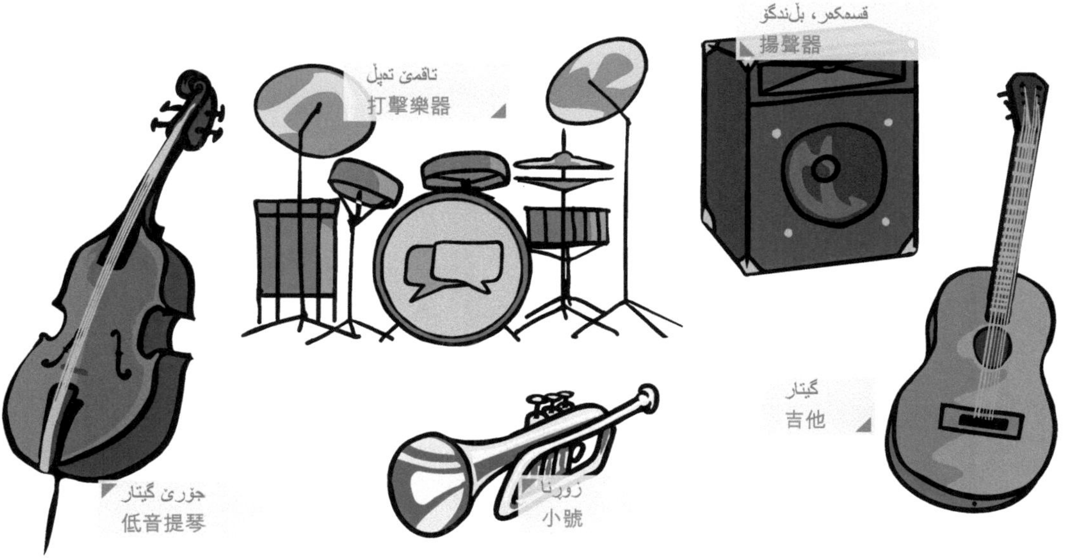
قسەکەر، بڵندگۆ
揚聲器
تاقمێ تەپڵ
打擊樂器
گیتار
吉他
جۆرێ گیتار
低音提琴
زورنا
小號

پیانۆ

鋼琴

کەمانچە

小提琴

گیتار

貝斯

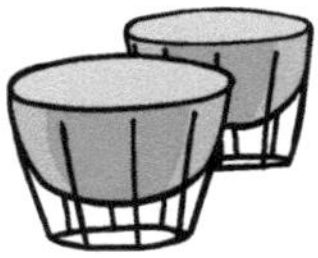

دەهۆڵ

定音鼓

تەپڵ

鼓

تەختەکلیل

電子琴

ساکسافۆن

薩克斯風

فلووت، شمشاڵ

長笛

مایکرۆفۆن

麥克風

باخچەی ئاژەڵان

動物園

پڵینگ
老虎
قەفەز
籠子
کەرەکێوی
斑馬
خواردنی ئاژەڵان
動物飼料
ورچی پاندا
熊貓
ناڤدەر، دەروازە
入口

ئاژەڵەکان

動物

فیل

大象

کانگۆرۆ

袋鼠

کەرکەدەن

犀牛

گۆریلا

大猩猩

ورچ

熊

وشتر

駱駝

وشترمریشک

鴕鳥

شێر

獅子

مەیموون

猴子

فلامینگۆ

紅鶴

تووتی

鸚鵡

ورچی جەمسەری

北極熊

پێنگوین

企鵝

قرش، سەگەماسی

鯊魚

تاووس

孔雀

مار

蛇

تیمساح

鱷魚

پارێزەری باخچەی ئاژەڵان

動物園管理員

سەگی دەریایی

海豹

پڵنگ

美洲豹

ئەسپی قەزەم

矮種馬

پشیلەی پڵینگی

豹

ئەسپی ئاوی

河馬

زەرافە

長頸鹿

هەڵۆ

老鷹

بەرازی کێوی

野豬

ماسی

魚

کیسەڵ

龜

واڵڕاس، ئاژەڵێکی دەریایی

海象

ڕێوی

狐狸

ئاسک

羚羊

وەرزش

體育

توپىيى ئەمرىكى
橄欖球
دووچەرخەلىخورين
騎腳踏車
تېنىس
網球
توپى باسكە
籃球
مەلەكردن
游泳
بوكسىن
拳擊
هوكى سەر سەهول
冰球

فووتبول

美式足球

بەدمىنتون

羽毛球

وەرزشوان

田徑

هەندبال

手球

خليسكىن

滑雪

پولو

馬球

بازکردن
跳
لەباوەشگرتن، لەئامێزگرتن
擁抱
پێکەنین
笑
بەڕێداڕۆیشتن، پیاسەکردن
走路
گۆرانی خوێندن
唱
خەون دیتن، خەون بینین
做夢
پاڕانەوە، نوێژکردن
祈禱
ماچکردن
親吻

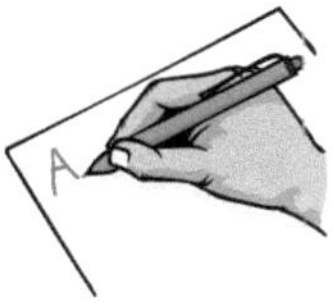
نووسین
書寫

وێنەکێشان
畫

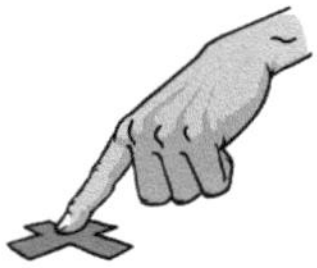
نیشاندان
展示

پاڵ پێوەنان
推

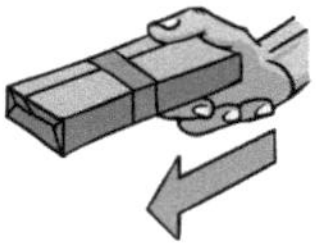
دان
給

هەڵگرتن
拿

هەبوون

有

کردن

做

بوون

當

ڕاوەستان

站

هەڵاتن

跑

کێشان

拉

هاویشتن

丟

کەوتن

摔倒

درۆکردن

躺

چاوەڕێبوون

等待

هەڵگرتن

攜帶

دانیشتن

坐

جل لەبەرکردن

穿衣

خەوتن

睡覺

لەخەو هەستان

醒來

چاولێکردن

看

گریان

哭

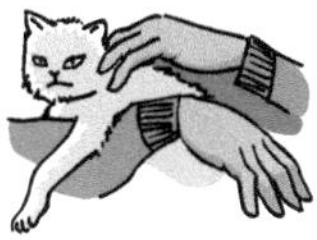

جەڵتەلێدان

擊

قژداهێنان، شانەکردن

梳頭

قسەکردن

交談

تێگەیشتن

明白

پرسیارکردن، پرسین

問

گوێڕاگرتن

聽

خواردنەوە

喝

خواردن

吃

ڕێکوپێک کردن

清理

خۆشویستن

愛

چێش لێنان

做飯

شۆفێریکردن

開車

فڕین

飛

کەشتیوانی

航行

حسابکردن، ژماردن

計算

خوێندنەوە

讀

فێربوون

學習

کارکردن

工作

زەماوەندکردن

結婚

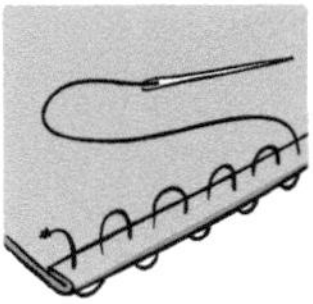

دورین، دورومانکردن

縫

فڵچە لەددان دان

刷牙

کوشتن

殺

جگەرەکێشان

抽菸

ناردن

寄

بنەماڵە

家

دایەگەورە
祖母
باوەگەورە
祖父
باوک، باب
父親
دایک
母親
منداڵی ساوا
嬰兒
کچ
女兒
کور
兒子

میوان

客人

پوور

阿姨

مام، خاڵ

叔叔

برا

兄弟

خوشک

姐妹

جەستە، لەش

身體

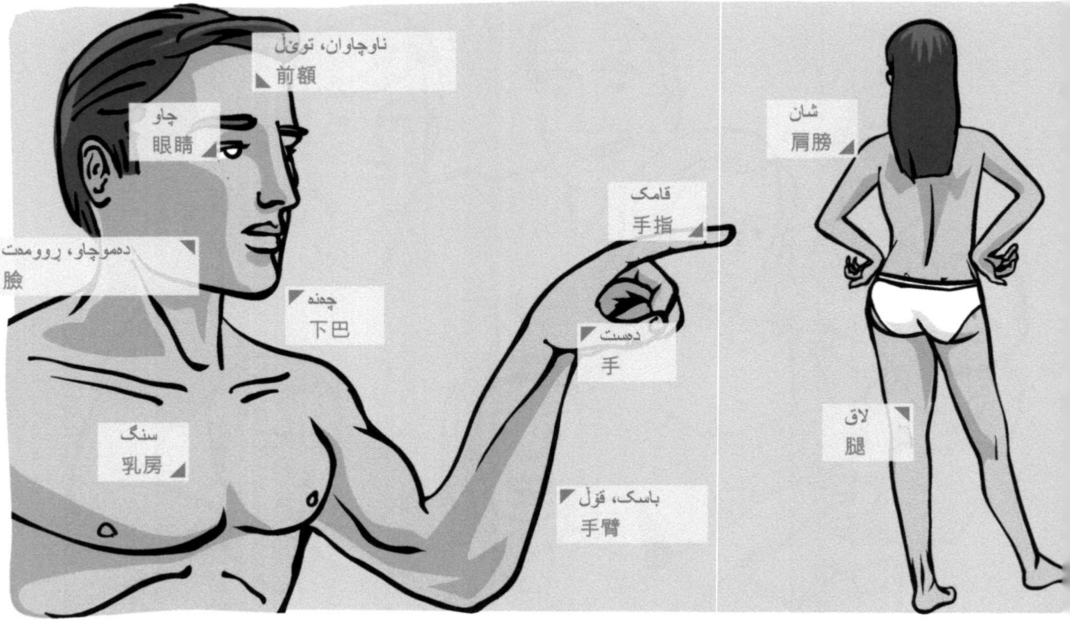
ناوچاوان، تویَڵ
前額
چاو
眼睛
قامک
手指
دەموچاو، ڕوومەت
臉
چەنە
下巴
دەست
手
سنگ
乳房
باسک، قۆڵ
手臂
شان
肩膀
لاق
腿

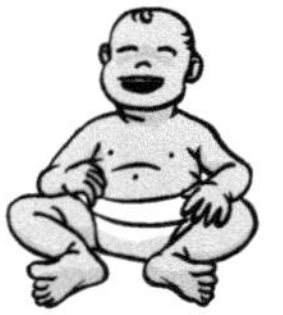
منداڵی ساوا
嬰兒

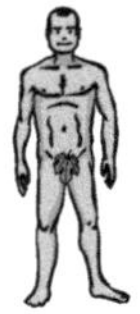
پیاو
男人

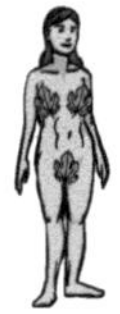
ژن
女人

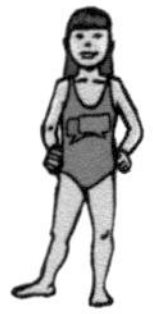
کچ
女孩

کوڕ
男孩

سەر
頭

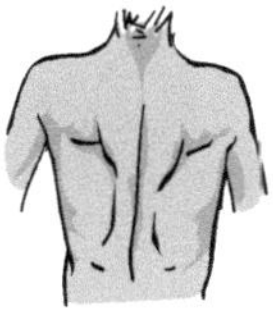

پشت

背部

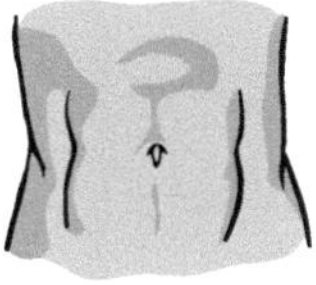

زگ

肚子

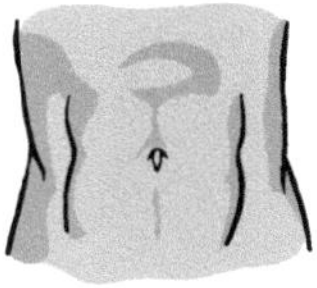

ناوک

肚臍

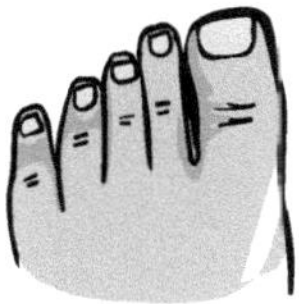

قامکی پێ

腳趾

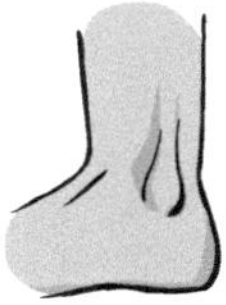

پاژنەی پێ

腳後跟

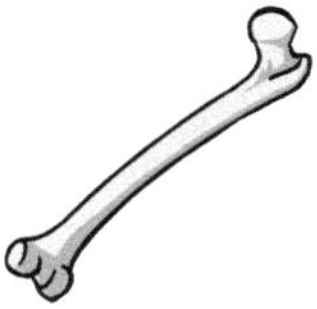

ئێسقان، ئێسک

骨頭

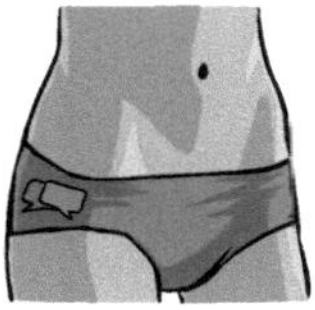

سمت

臀部

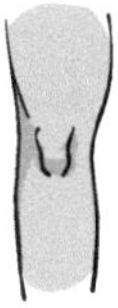

ئەژنۆ

膝蓋

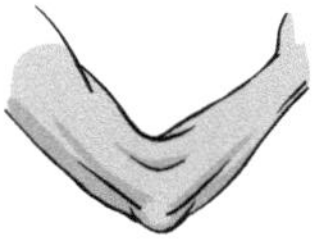

ئانیشک

手肘

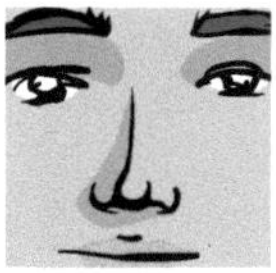

لووت

鼻子

قوون

屁股

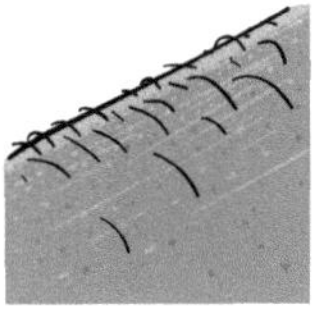

پێست

皮膚

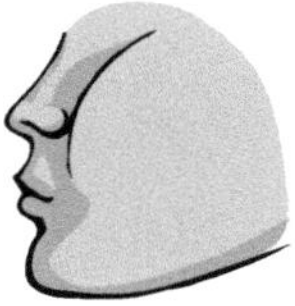

گوپ

臉頰

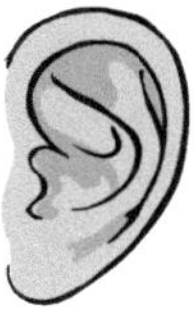

گوێ

耳朵

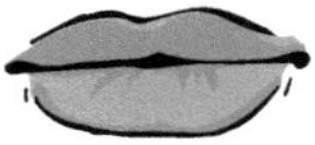

لێو

嘴唇

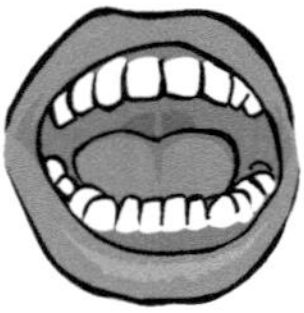

دەم، زار

嘴

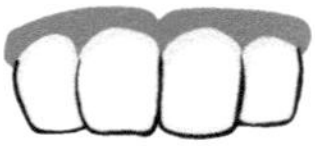

ددان

牙齒

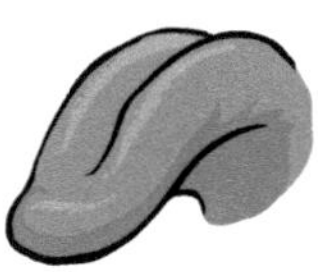

زمان

舌頭

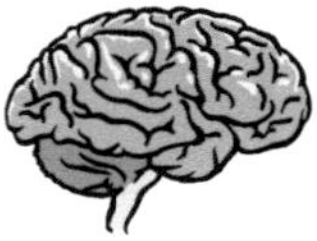

مێشک

腦

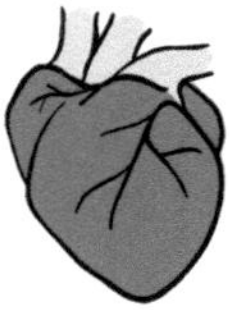

دڵ

心臟

ماسوولکە

肌肉

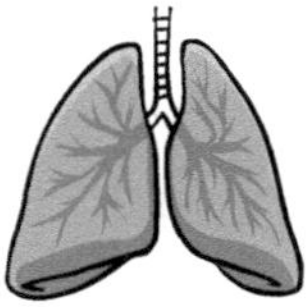

سیپەلاک، سی

肺

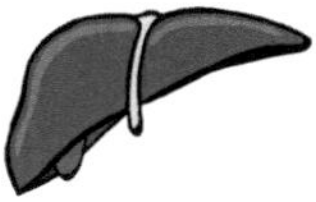

جەرگ

肝臟

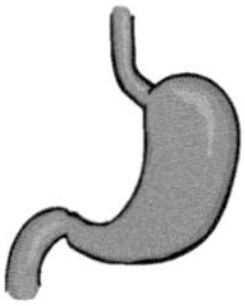

گەدە

胃

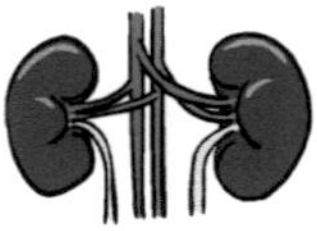

گورچیلە

腎臟

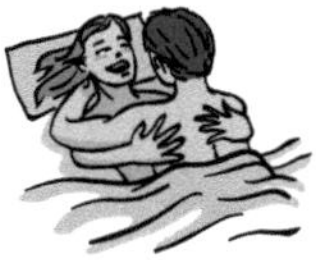

سێکس

性交

کۆندۆم

保險套

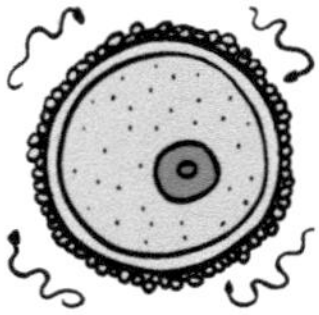

توو، گەرا

卵子

توو

精子

دووگیانی

懷孕

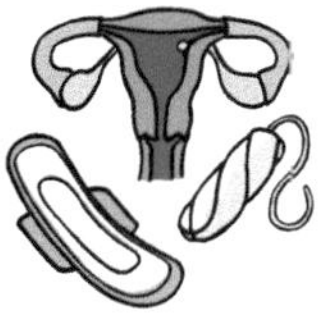

کەوتنە سەر خوێن

月事

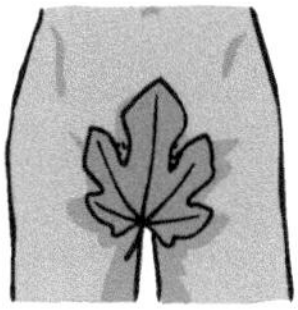

زێ

陰道

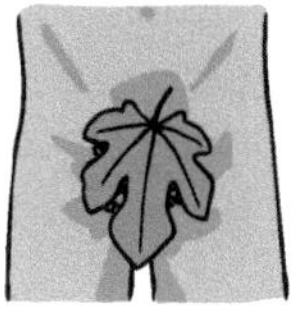

کێر

陰莖

برۆ

眉毛

قژ

頭髮

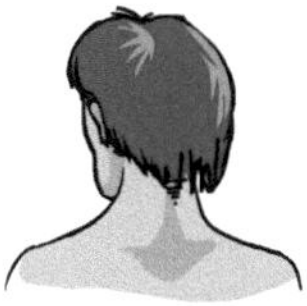

مل

脖子

نەخۆشخانە، خەستەخانە
醫院

نەخۆشخانە، خەستەخانە
醫院
ئامبولانس
急救車
کورسی کەمئەندامان
輪椅
شکانی ئێسک
骨折

دکتۆر

醫師

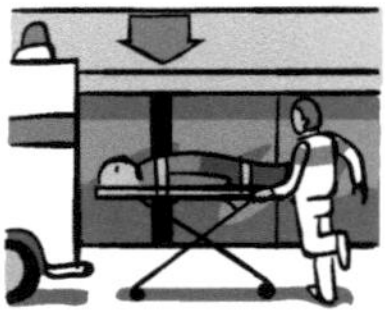

ژووری فریاکەوتن

急診室

نەخۆشوان

護理師

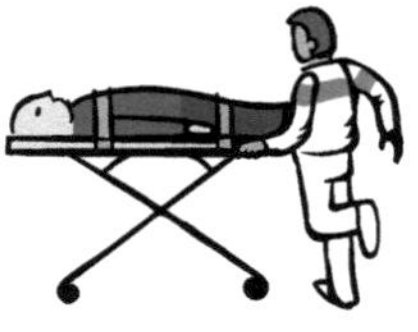

ئورژانس، بەشی فریاکەوتن

緊急情形

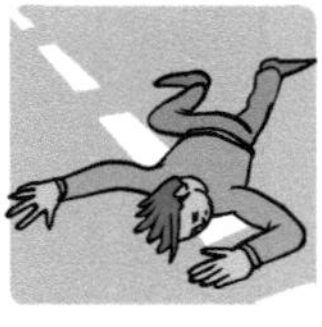

بێهۆش

昏迷

ژان، ئێش

痛

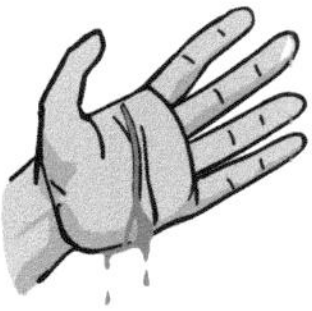
برینداری
受傷

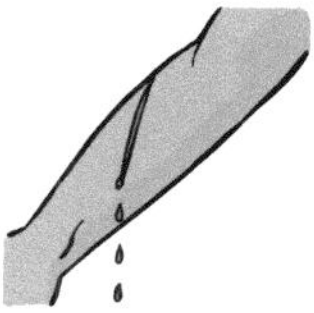
خوێنرێژی
出血

جەڵتمی دڵ
心臟病發作

جەڵتە
中風

ئالێرژی، هەستیاری
過敏

کۆخە
咳嗽

تا
發燒

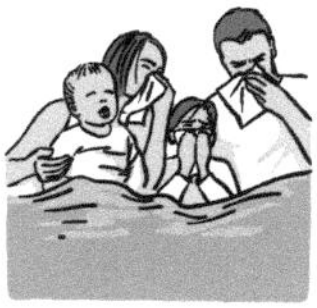
ئەنفلۆنزا
流感

زگچوون
腹瀉

سەرێشە، ژانەسەر
頭痛

سەرەتان
癌症

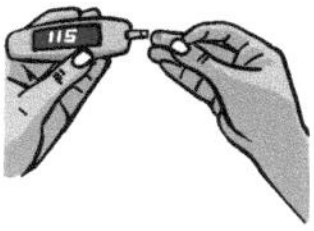

شەکرە
糖尿病

نەشتەرگەر
外科醫師

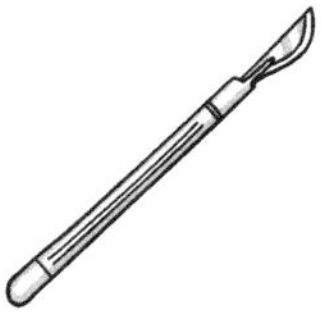
نەشتەر، چەقۆی توێکاری
手術刀

نەشتەرگەری
手術

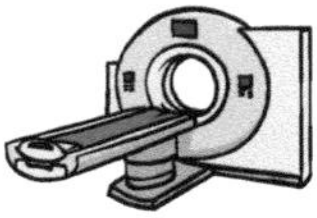

CT

電腦斷層掃描

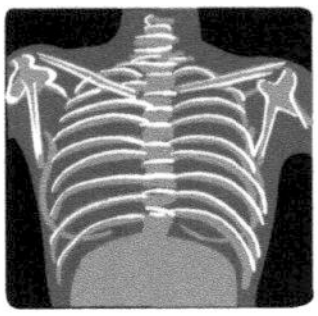

تیشکی ئێکس

X光

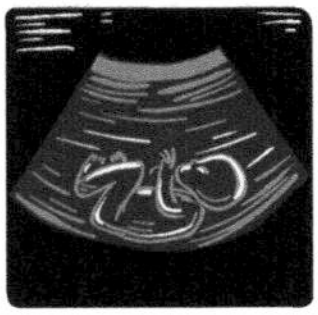

ئوڵتراساوند

超音波

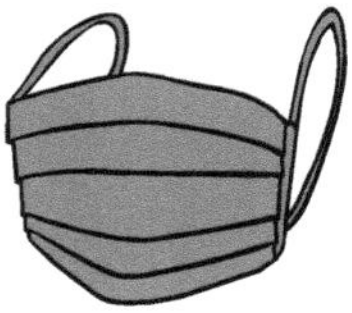

ماسکی ڕوومەت

口罩

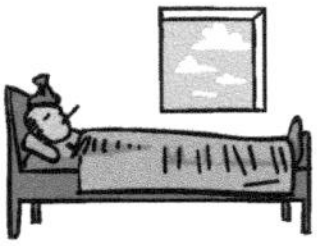

نەخۆشی

疾病

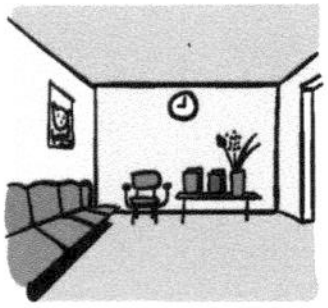

ژووری چاوەڕێبوون

候診室

گۆچان

拐杖

مشەما

石膏

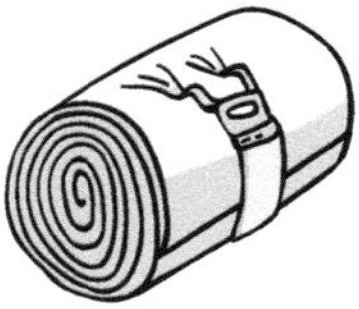

برین پێچ

繃帶

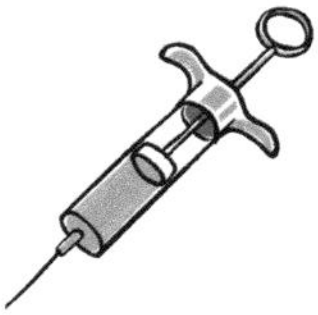

دەرزی لێدان

注射

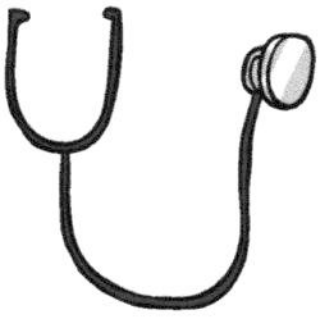

بیستۆکی پزیشک

聽診器

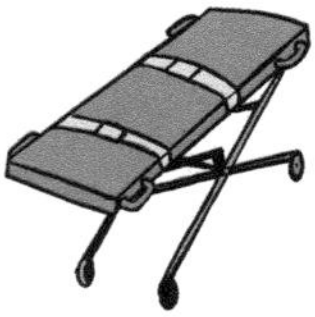

داربەست

擔架

گەرماپێوی کلینیکی

體溫計

لەدایکبوون

出生

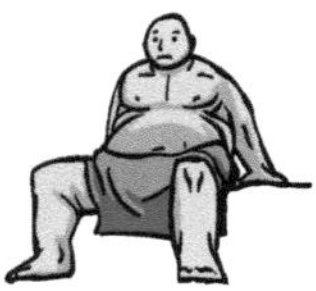

زیادەکێشی/قەڵەویی

超重

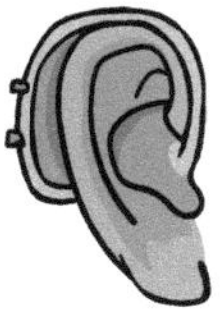

بیستۆک

助聽器

میکرۆبکوژ

消毒液

چڵک

感染

ویروس

病毒

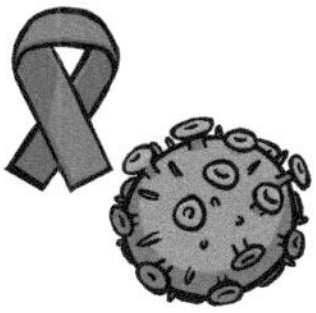

ئەیدز

愛滋病

دەرمان

藥物

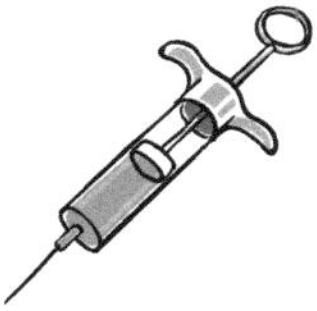

کوتان

接種疫苗

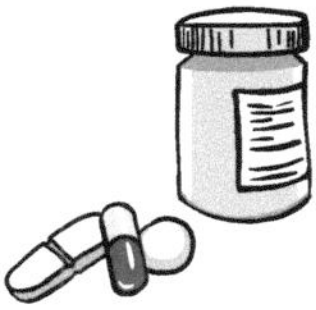

حەب

藥片

حەب

藥丸

تەلەفۆنی فریاکەوتن

急救電話

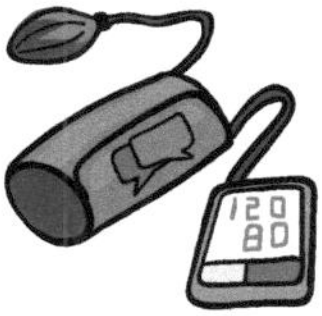

پیشانگەری پەستانی خوێن

血壓計

نەخۆش / سڵامەت

生病/健康

ئورژانس، بەشی فریاکەوتن
緊急情形

یارمەتی!
救命！

ئاگادارکردنەوە، ئەلارم
警報

دەستدرێژی
突擊

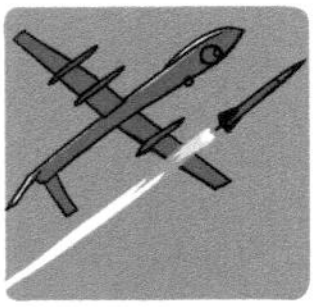

هێرشکردن
攻擊

مەترسی
危險

چوونەدەرەوەی ئورژانس
緊急出口

ئاگر!
失火了！

ئاگرکوژێنەوە
滅火器

ڕووداو، پێشهات
意外

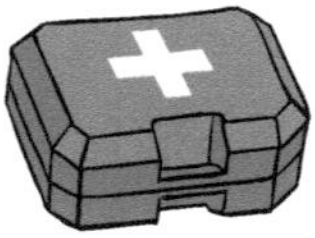

قوتووی یارمەتی فریاکەوتن
急救箱

SOS
呼救訊號

پۆلیس
員警

ئەورۆپا
歐洲

ئەمریکای باکوور
北美洲

ئەمریکاری باشوور
南美洲

ئافریقا
非洲

ئاسیا
亞洲

ئوستralیا
澳洲

ئەتڵەسی، ئۆقیانووسی ئەتڵەسی
大西洋

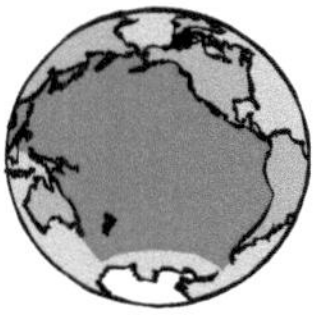

زەریای هێمن
太平洋

ئۆقیانووسی هیندی
印度洋

ئۆقیانووسی جەمسەری باشوور
南冰洋

ئۆقیانووسی جەمسەری باکوور
北冰洋

جەمسەری باکوور
北極

جەمسەری باشوور

南極

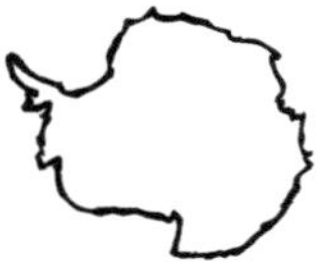

ناوچەی جەمسەری باشوور

南極洲

ئەرز، زەوی

地球

خاک، وشکانی

陸地

دەریا، زەریا

海

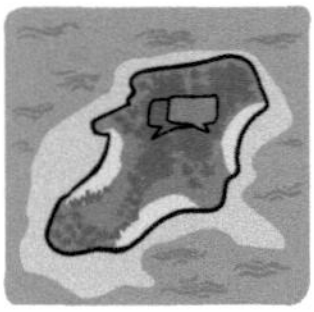

دوورگە

島

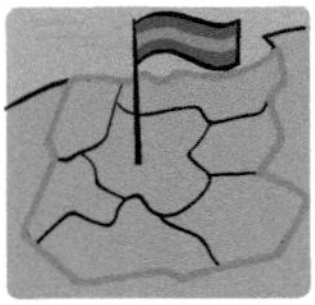

گەل، نەتەوە

國家

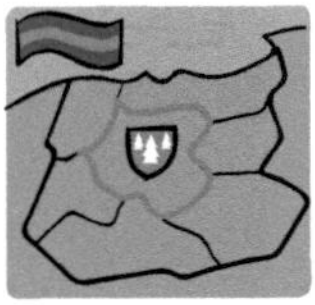

وڵات، پارێزگا، دەوڵەت

州

ڕوخساری کاتژمێر

鍊盤

نیشاندەری کاتژمێر

時針

نیشاندەری خولەک

分針

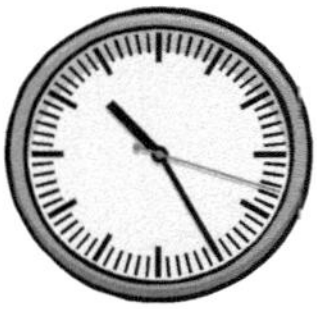

دەستی دوو

秒針

کاتژمێر چەندە؟، سەعات چەندە؟

現在幾點？

ڕۆژ

天

کات، زەمان

時間

ئێستا، ھەنووکە

現在

کاتژمێری دیجیتاڵی

電子錶

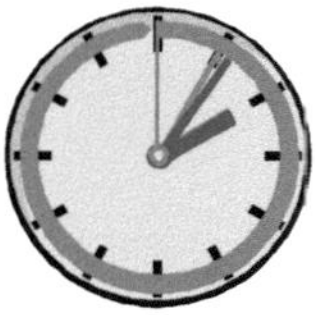

خولەک

分

کاتژمێر

時

هەفتە

週

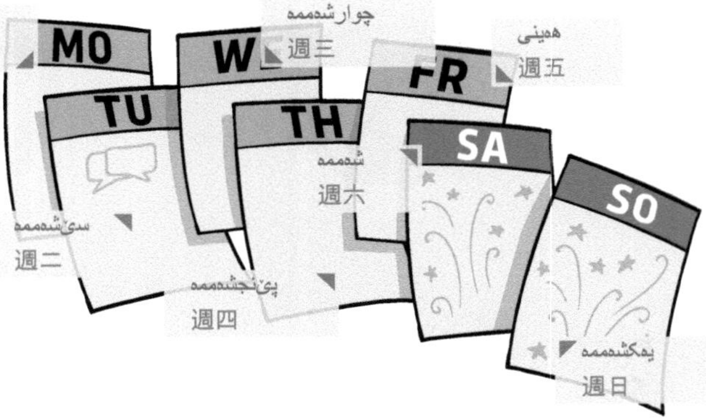

دوێنێ

昨天

ئەمڕۆ، ئەوڕۆ

今天

سبەینێ

明天

بەیانی

早晨

نیوەڕۆ

中午

ئێوارە

晚上

ڕۆژی کار

工作日

کۆتایی هەفتە

週末

ساڵ
年

باران
雨
کۆلکەزێرینە
彩虹
بازکردن
風
بەفر
雪
بەهار
春
هاوین
夏
پاییز
秋
زستان
冬

4.APRIL 11°
5.APRIL 4°
6.APRIL 13°
7.APRIL 8°
8.APRIL 10°

پێشبینی هەوا

天氣預告

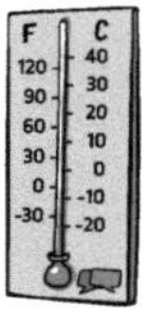
F
120
90
60
30
0
-30
C
40
30
20
10
0
-10
-20

گەرماپێو

溫度計

خۆرەتاو

陽光

هەور

雲

تەمومژ

霧

تەڕایی

潮濕

هەورەتریشقە، بروسکە

閃電

هەورەگرمە

打雷

باوبۆران، تۆفان

風暴

تەرزە

冰雹

مانسوون

季風

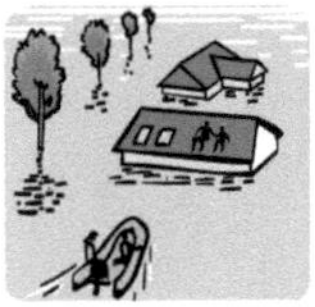

لافاو

洪水

سەهۆڵ

冰

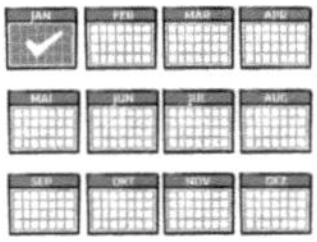

جانیوەری

一月

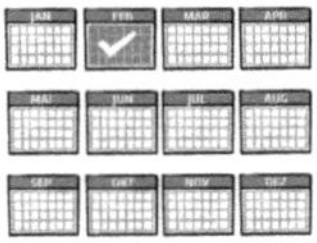

فێبریوەری

二月

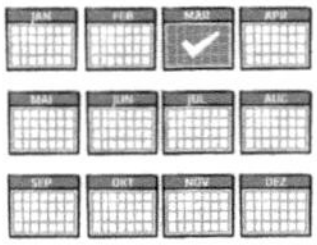

مارچ

三月

ئەپریل

四月

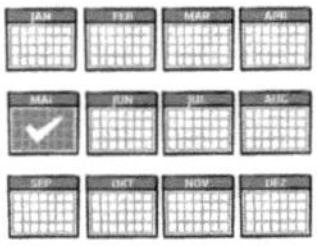

مەی

五月

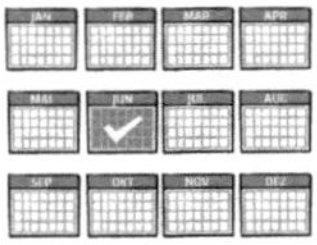

جوون

六月

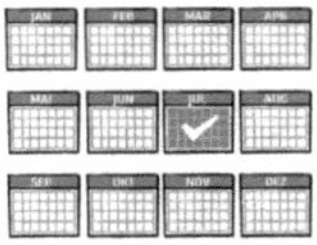

جوولای

七月

ئۆگۆست

八月

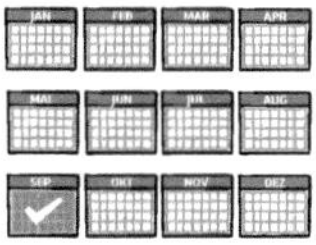

سێپتەمبەر

九月

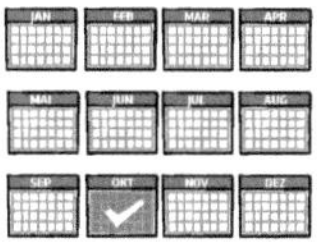

ئۆکتۆبەر

十月

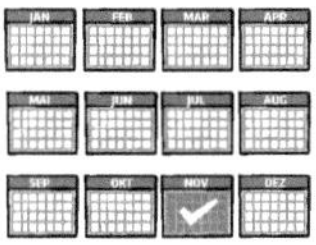

نۆڤەمبەر

十一月

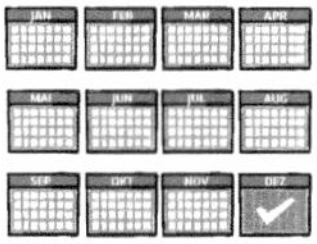

دیسەمبەر

十二月

شێوەکان

形狀

بازنە

圓形

چوارگۆشە

正方形

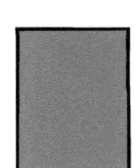

چوارگۆشەی درێژ

長方形

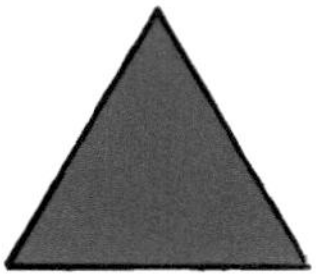

سێگۆشە

三角形

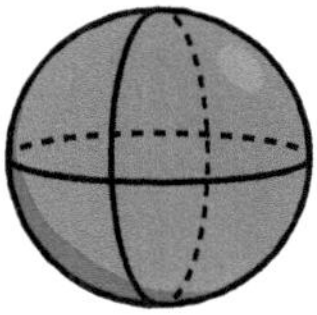

تۆپ، گۆ

球體

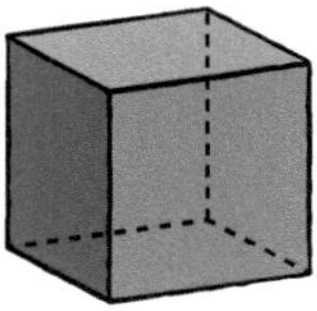

خشتەک

立方體

ڕەنگەکان
顏色

سپی

白

زەرد

黃

پرتەقاڵیی

橙

پەمەیی

粉

سوور

紅

بنەوش

紫

شین

藍

سەوز

綠

قاوەیی

棕

بۆر

灰

ڕەش

黑

زۆر / کەم
很多/少許

تووڕە / لەسەرەخۆ
生氣/平靜

جوان / ناحەز
美/醜

سەرەتا / کۆتایی
首/尾

گەورە / چکۆلە
大/小

ڕووناک / تاریک
明/暗

برا / خوشک
兄弟/姐妹

خاوێن / چڵکن
乾淨/骯髒

تەواو / ناتەواو
完整/缺失

ڕۆژ / شەو
白天/晚上

مردوو / زیندوو
死/生

پان / تەنگ
寬/窄

خۆش / ناخۆش

可食用/非食用

نەگریس / بەبەزەیی

邪惡/善良

وروژاو / بێزار

興奮/無聊

قەڵەو / لاواز

胖/瘦

یەکەم / ئاخر

第一/最後

دۆست / دوژمن

朋友/敵人

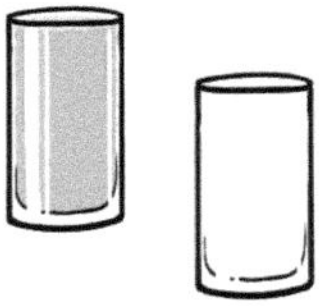

پڕ / خاڵی

滿/空

ڕەق / نەرم

硬/軟

قورس / سووک

重/輕

برسی / تۆونی

餓/渴

نەخۆش / سلامەت

生病/健康

نایاسایی / یاسایی

非法/合法

زیرەک / گەمژە

聰明/愚笨

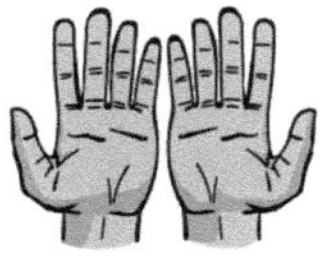

چەپ / ڕاست

左/右

نزیک / دوور

近/遠

نوێ / کۆن، بەکارهاتوو

新/舊

هیچ شتێک / شتێک

沒有/有些

پیر / لاو

老/幼

هەڵکراو / کوژاوە

開/關

کراوە / داخراو

打開/闔上

بێدەنگ / دەنگی بەرز

安靜/吵鬧

دەوڵەمەند / هەژار

富/窮

ڕاست / هەڵە

對/錯

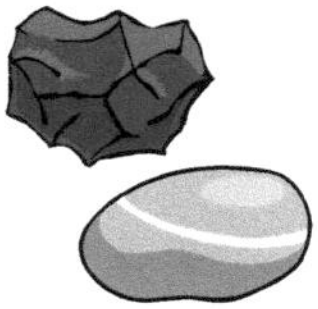

زبر / ساف

粗糙/光滑

خەمین / خۆشحاڵ

傷心/高興

کورت/ درێژ

短/長

هێواش / خێرا

慢/快

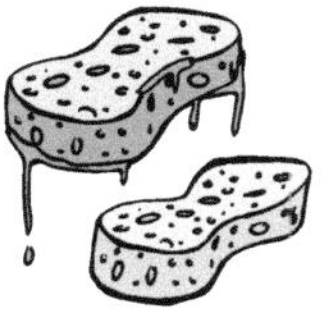

تەڕ / وشک

濕/乾

گەرم / فێنک

溫暖/涼爽

شەڕ / ئاشتی

戰爭/和平

ژمارەکان

數字

0

سیفر

零

1

یەک

一

2

دوو

二

3

سێ

三

4

چوار

四

5

پێنج

五

6

شەش

六

7

حەوت

七

8

هەشت

八

9

نۆ

九

10

دە

十

11

یازدە

十一

12	**13**	**14**
دوازده	سێزده	چوارده
十二	十三	十四
15	**16**	**17**
پازده، پانزه	شازده	حەفده
十五	十六	十七
18	**19**	**20**
هەژده	نۆزده	بیست
十八	十九	二十
100	**1.000**	**1.000.000**
سەد	هەزار	میلیۆن
百	千	百萬

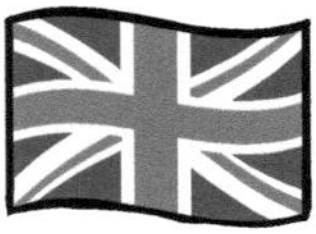

ئینگلیزی

英語

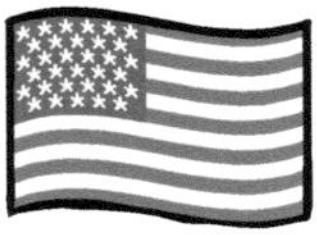

ئینگلیزی ئەمەریکی

美式英語

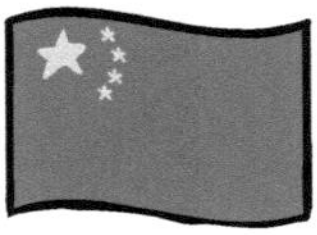

چینی ماندارین

普通話

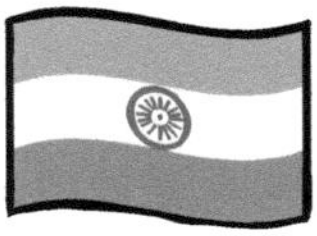

هێندی

印地語

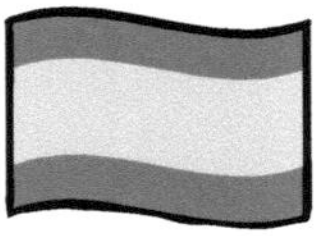

ئیسپانی

西班牙語

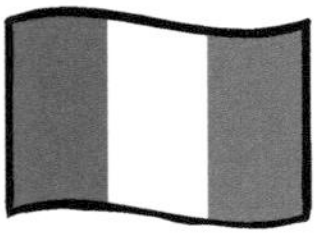

فەرەنسی

法語

عەرەبی

阿拉伯語

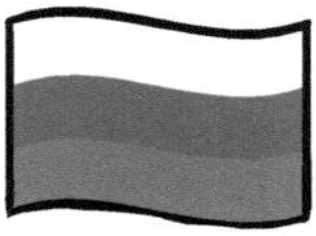

ڕووسی

俄語

پۆرتوگالی

葡萄牙語

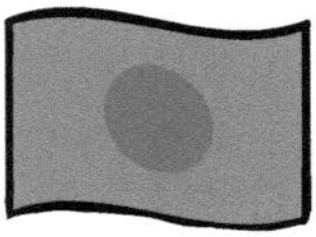

بەنگالی

孟加拉語

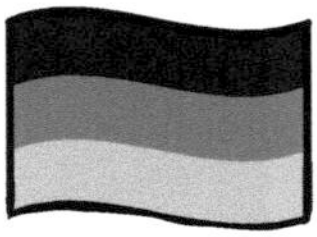

ئاڵمانی

德語

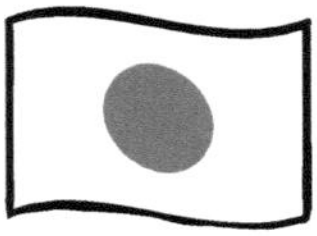

ژاپۆنی

日語

من
我

تۆ
你

ئەو
他/她/它

ئێمە
我們

ئێوە
你們

ئەوان
他們

کێ؟
誰？

چی؟
什麼？

چۆن؟
如何？

لەکوێ؟
何處？

کەنگێ؟ کەی؟
何時？

ناو
名字

شوێن
方位

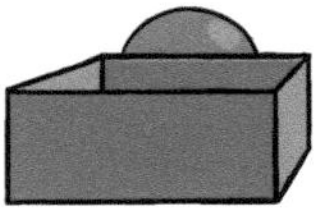

لەپشت

後面

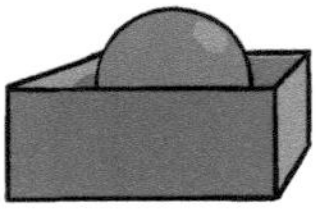

لە

裡面

لەپێش

前面

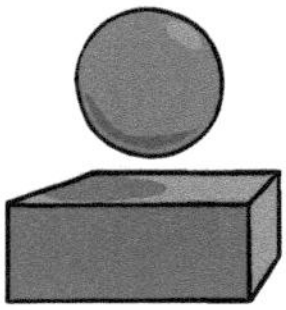

سەری

上方

لەسەر

上面

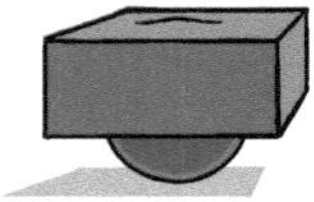

ژێر

下麵

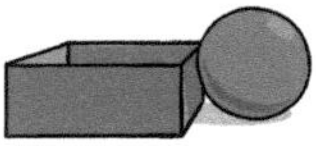

لە تەنیشت

旁邊

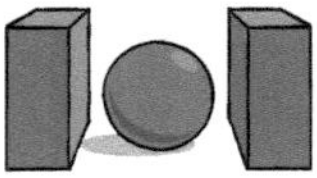

لەنێوان

中間

شوێن، جێ

地點